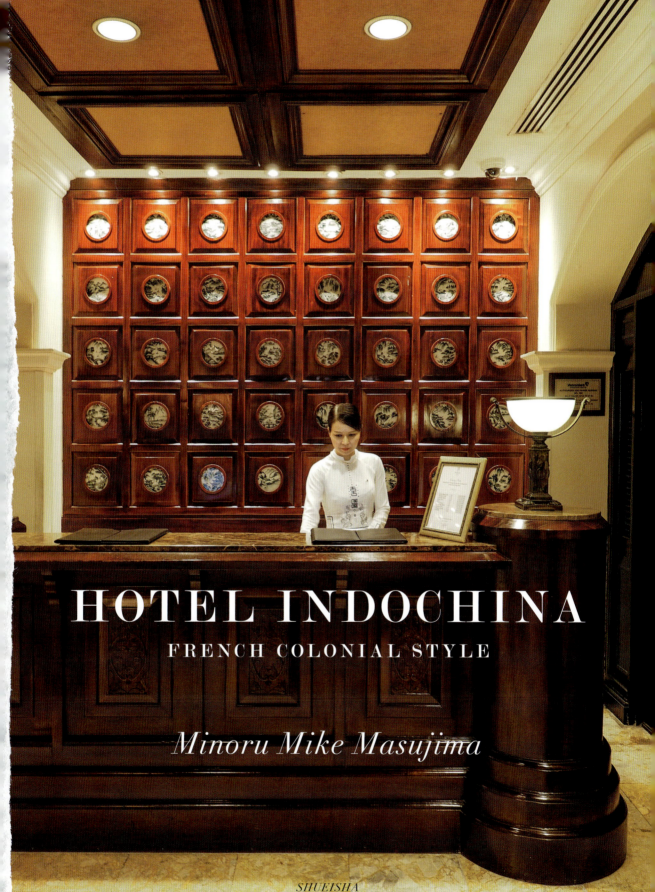

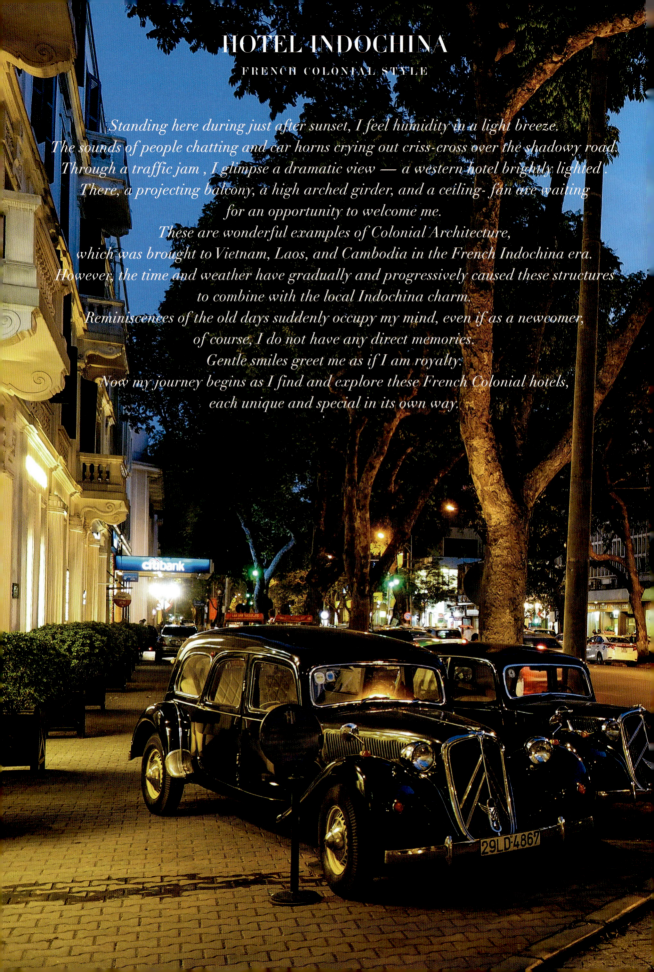

HOTEL INDOCHINA
FRENCH COLONIAL STYLE

*Standing here during just after sunset, I feel humidity in a light breeze.
The sounds of people chatting and car horns crying out criss-cross over the shadowy road.
Through a traffic jam , I glimpse a dramatic view — a western hotel brightly lighted.
There, a projecting balcony, a high arched girder, and a ceiling- fan are waiting
for an opportunity to welcome me.
These are wonderful examples of Colonial Architecture,
which was brought to Vietnam, Laos, and Cambodia in the French Indochina era.
However, the time and weather have gradually and progressively caused these structures
to combine with the local Indochina charm.
Reminiscences of the old days suddenly occupy my mind, even if as a newcomer,
of course, I do not have any direct memories.
Gentle smiles greet me as if I am royalty.
Now my journey begins as I find and explore these French Colonial hotels,
each unique and special in its own way.*

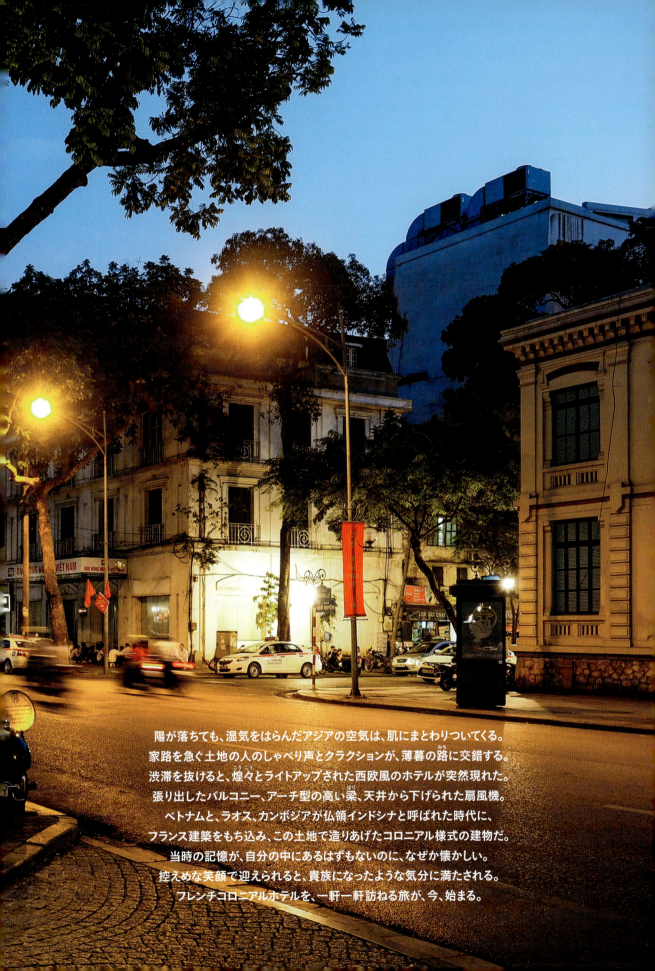

陽が落ちても、湿気をはらんだアジアの空気は、肌にまとわりついてくる。
家路を急ぐ土地の人のしゃべり声とクラクションが、薄暮の路(みち)に交錯する。
渋滞を抜けると、煌々(こうこう)とライトアップされた西欧風のホテルが突然現れた。
張り出したバルコニー、アーチ型の高い梁(はり)、天井から下げられた扇風機。
ベトナムと、ラオス、カンボジアが仏領インドシナと呼ばれた時代に、
フランス建築をもち込み、この土地で造りあげたコロニアル様式の建物だ。
当時の記憶が、自分の中にあるはずもないのに、なぜか懐かしい。
控えめな笑顔で迎えられると、貴族になったような気分に満たされる。
フレンチコロニアルホテルを、一軒一軒訪ねる旅が、今、始まる。

HOTEL INDOCHINA
FRENCH COLONIAL STYLE

インドシナ1930年頃の勢力図

Global Map Elevation-Global ver.- (Geospatial Information Authority of Japan)
Global Map Land Cover-Global ver.- (Geospatial Information Authority of Japan,
Chiba University and collaborating organizations.)

Introduction

インドシナのフレンチコロニアルホテル

　フランスは17世紀初め、国策で北米大陸へ進出を試み、ケベックやルイジアナの植民地化に成功、巨万の富を得ます。同じく北米大陸へ進出したイギリスと、18世紀半ば植民地戦争が勃発。フランスはことごとく敗れ既存の植民地を失います。
　そこでフランスの関心は東南アジアの未知の国、現在のベトナム、カンボジア、ラオスへ向かい、1858年、フランスはベトナムへ艦隊を派遣。サイゴン（現ホーチミン市）制圧後、南部3省（後の仏領コーチシナ）を占領。その後北部のハノイ、さらに王朝があった中部ベトナム（アンナン）のフエも手中に収めました。
　その頃シャム（現タイ）の圧政に苦しんでいたラオスのウン・カーム王やカンボジアのノロドム王に保護を要請するよう、フランスは圧力をかけます。軍事力でシャムより勝るフランスは1884年ベトナム、カンボジアを保護国とし、1887年に実質的な巨大植民地フランス領インドシナが誕生したのです。ラオスはこれに遅れて1893年に保護国となり、統治されるようになります。フランスはハノイに行政府を置きインドシナの要とし、本国の建築規格を踏襲するなど、インフラの整備に力を注ぎました。サイゴンの都市化や、河川を利用し通商を容易にするために、メコン川を遡り航路を開きプノンペンの近代化にも奔走。さらにメコン川を辿りラオスへ達したところ、コーンの滝に阻まれ船は進めず、滝を迂回する鉄道まで敷設し、ヴィエンチャン、ルアンパバーンへのルートを開きました。ハノイ—サイゴン間の鉄道が開通するのは、この後1936年のことです。

　20世紀に入ると、植民地で財を成したフランス系の人たちの社交の場が必要となりました。その頃イギリスの植民地に建築されたホテル（「アデルフィ」／シンガポール、「イースタン＆オリエンタルホテル」／ペナン）を参考に、フレンチスタイルのホテルが誕生します。具体的には高天井に扇風機、厚い壁、縦長の窓、吹き抜けに螺旋階段、梁のアーチ、黄色い外壁などが主な特徴です。植民地に建設されたフレンチホテルは、欧米の賓客や華僑の豪商が集い、週末のパーティー、映画の上映などで大変賑わいました。その代表的なホテルがハノイの「メトロポール」（P10）、プノンペンの「ル ロワイアル」（P68）です。それらは現在も昔の面影を留め、営業を続ける極めて貴重なホテルです。
　昨今、旧仏領インドシナでもフレンチコロニアルスタイルの新設ホテルは大変珍しくなりました。コストを重視した今どきのホテルは、木材の使用を極力避け無機質なコンクリートだらけ。いかにデザイン性に優れていても全く風情がありません。
　本書は現存する名ホテルやヴィラ、そして新築でもフレンチコロニアルスタイルを忠実に継承したホテルだけを、ベトナム、カンボジア、ラオスに探し求め、選りすぐりの32軒を掲載しました。
　仏領インドシナの誕生からおよそ130年が経ち、その功罪も時の彼方へ去り行く今、インドシナのフレンチコロニアルホテルとは何だったのか……。数多の戦争にも耐え、革命後も解体されずに残ったフレンチコロニアルホテルは、平和が戻った今日、旅人を魅了してやみません。

増島 実（リゾート写真家）

HOTEL INDOCHINA
FRENCH COLONIAL STYLE

CONTENTS

VIETNAM ベトナム
ハノイ／フエ／ミーソン／ホイアン／
ダラット／カントー／サデック／ホーチミン

- 010　ソフィテル レジェンド メトロポール ハノイ
  Sofitel Legend Metropole Hanoi
- 016　アプリコット ホテル
  Apricot Hotel
- 022　ラ レジデンス フエ ホテル アンド スパ-Mギャラリー by ソフィテル
  La Residence Hue Hotel & Spa-MGallery by Sofitel
- 026　ホテル サイゴン モーリン
  Hotel Saigon Morin
- 030　インターコンチネンタル ダナン サン ペニンシュラ リゾート
  InterContinental Danang Sun Peninsula Resort
- 034　アナンタラ ホイアン リゾート
  Anantara Hoi An Resort
- 038　ダラット パレス ヘリテージ ホテル
  Dalat Palace Heritage Hotel
- 046　ナンボー ブティック ホテル
  Nam Bo Boutique Hotel
- 048　ヴィクトリア カントー リゾート
  Victoria Can Tho Resort
- 054　ホテル コンチネンタル サイゴン
  Hotel Continental Saigon
- 058　グランド ホテル サイゴン
  Grand Hotel Saigon
- 060　ホテル マジェスティック サイゴン
  Hotel Majestic Saigon
- 064　ヴィラ ソン サイゴン
  Villa Song Saigon

P1の扉ページの写真は、「ソフィテル レジェンド メトロポール ハノイ」のフロント。P6-7の目次の写真は、同じホテルの、上層階から見た吹き抜けの回廊。

CAMBODIA カンボジア
プノンペン／シェムリアップ／プレアヴィヒア／バッタンバン

068 ラッフルズ ホテル ル ロワイアル
Raffles Hotel Le Royal

074 ザ ガバナーズ ハウス ブティック ホテル プノンペン
The Governor's House Boutique Hotel Phnom Penh

078 エフシーシー ホテル プノンペン
FCC Hotel Phnom Penh

080 ザ パビリオン
The Pavilion

084 ミステアズ アンド メコン プノンペン ロッジ
Mysteres & Mekong Phnom Penh Lodge

088 ラッフルズ グランド ホテル アンコール
Raffles Grand Hotel d'Angkor

092 ヘリテージ スイーツ ホテル
Heritage Suites Hotel

097 ラ ヴィラ バッタンバン
La Villa Battambang

LAOS ラオス
ルアンパバーン／ヴィエンチャン／パクセ／ワットプー

102 ザ ベルリーヴ ブティック ホテル
The Belle Rive Boutique Hotel

108 ヴィクトリア シェントン パレス
Victoria Xiengthong Palace

110 サトリ ハウス シークレット リトリーツ
Satri House Secret Retreats

114 ヴィラ マリー ルアンパバーン ブティック ホテル
Villa Maly Luang Prabang Boutique Hotel

118 アマンタカ
Amantaka

122 ヴィラ サンティ ホテル
Villa Santi Hotel

124 ソフィテル ルアンパバーン
Sofitel Luang Prabang

128 ザ グランド ルアンパバーン ホテル アンド リゾート
The Grand Luang Prabang Hotel & Resort

132 スリーナーガス ルアンパバーン・Mギャラリー by ソフィテル
3 Nagas Luang Prabang-MGallery by Sofitel

136 セタ パレス ホテル
Settha Palace Hotel

140 レジデンス シソウク
Residence Sisouk

144 ベトナム航空の紹介
146 エッセイ1. インドシナのホテルの成り立ち　大田省一
150 エッセイ2. メコン紀行 仏領インドシナの旅　増島 実
155 掲載ホテルデータ　159 旅行会社の紹介

古都の趣と、首都の活気を併せもつハノイ。

　首都ハノイは、現在ベトナムの政治・文化の中心だが、古都の面影も色濃く残っている。旧市街を歩けば、天秤棒を担いだ物売りに頻繁に出くわし、11世紀から商いの町として栄えたハノイ36通りは、今も活気に溢れている。朝から小さな椅子に座ってフォーをすする庶民の姿は昔のままだ。
　写真は、ハノイの中心に位置するホアンキエム湖。ベトナム初期の民族王朝である後レ（黎）朝のレ・ロイ王が、この湖で宝剣を手に入れ、明（中国）からの独立を勝ち取ったという伝説がある。その後、レ・ロイ王は湖で黄金の亀から持ち主の竜王に剣を戻すようにとの啓示を受け、湖の中心にある小島に剣を返した。小島にはその後「亀の塔」が建てられた。
　ホアンキエム湖の南側、旧フランス人地区からバーディン広場にかけては、フランス統治時代の遺産であるフレンチコロニアル様式の建築群が、実によい保存状態で残されている。

Ha Noi

完璧なエレガントさで貫かれ、歴史を見守ってきたハノイの真珠。

Sofitel Legend Metropole Hanoi

ソフィテル レジェンド メトロポール ハノイ

This elegant hotel, shining like Hanoi's pearl, has stood for 115 years.

ホン河(紅河)にほど近いレタイントン通りに、こんもりとした樹木に囲まれて佇む白亜のホテルが、「ソフィテル レジェンド メトロポール ハノイ」だ。

白壁に緑のフランス窓、石畳の通り沿いのオープンカフェは、パリの街角を思わせる。落ち着いた色調の気品のあるロビー、吹き抜けの回廊……が、今も昔も完璧な優雅さをもって旅人を癒し包み込む。

1887年、フランスはインドシナ連邦を成立させ、後にハノイはその首都となる。フランス統治の絶頂期ともいえる1901年に、最高級のここ「旧グランド ホテル メトロポール パレス」が開業すると、たちまち上流階級の社交場となった。

19世紀末から20世紀初頭にかけて、ヨーロッパはアールヌーヴォーが花開く時代である。フランス人建築家たちは、祖国の建築に、南国の風土に合うベトナムの伝統建築を取り入れて、独自のスタイルを作りあげた。高い天井にシーリングファン※を取り付け、大きな窓で風通しをよくし、強烈な陽差しと熱気を遮断するため、壁を厚くして白や黄色に塗った。これらは熱帯モンスーン気候を涼しく快適に過ごすための工夫で、フレンチコロニアル建築の基本といえる。

1954年にベトナムがフランスから独立すると国営ホテルとなり、「トンニャット ホテル」に改名。1992年、民間に譲渡され、約3年の時をかけて大改装を終え、2009年現在の名前に改名された。

▶ **Mike's Eye**

「メトロポール ハノイ」のドアウーマンは、清楚でクラシカルなコスチュームがフォトジェニック。また、このホテルの「グレアム・グリーン スイート」は、インドシナ3国のコロニアルホテルの中でも、最も美しい部屋だと、私の記憶に残った。

※天井に取り付けて空気を撹拌する扇風機

このホテル一帯は、ハノイ最初のフランス行政地区として整備されたところで、多くのコロニアル建築が残っている。イギリスの作家、サマセット・モームは1923年にここに滞在し、小説一編を書きあげた。1936年、チャールズ・チャップリンは上海で結婚式を挙げた後、女優の新妻を連れてここでハネムーンを楽しんだ。フランス女優のカトリーヌ・ドヌーヴやロバート・デ・ニーロも、このホテルを愛した。

In the French Indochina era, this hotel was a place for social gatherings of the upper class. This French architecture, influenced by art nouveau, adopts cooling methods for the hot climate in Vietnam. Even today the hotel, which is regarded to be the best in Hanoi, offers a high standard with its beautiful interior and superior service.

Ha Noi

Sofitel Legend Metropole Hanoi

フィルム・ノワールの傑作『第三の男』(1949年公開)の脚本も手がけたイギリス人作家、グレアム・グリーンが常宿としていた部屋。それを記念して、グリーンの名を冠した部屋は、当時の調度品の一つひとつまでも吟味し、今も完璧な状態でキープされている。

Ha Noi
Sofitel Legend Metropole Hanoi

P14上／こげ茶を基調にしたシックで落ち着けるロビー。P14下／レストラン「スパイス ガーデン」。朝食からディナーまでサーブされる。軽食にはビュッフェがあり、ベトナム料理や日本食も食べられる。バーやカフェも充実しており、カクテル、ハイティーなど、何でも望みが叶う。P15下中央／ベトナム料理フォーのビュッフェ。P15下右／自然光が入って美しい大理石の廊下。

Graham Greene, Somerset Maugham, Jacqueline Kennedy Onassis, and Jane Fonda stayed at the hotel. The restaurant, Spices Garden, serves Vietnmese and French cuisine. The lobby is a beautiful dark brown. One of the most attractive points of the hotel is its classical and elegant atmosphere, and so you can really feel at home here.

Ha Noi

ホアンキエム湖のほとりに立つ、
全館アートギャラリーのような瀟洒なホテル。

Apricot Hotel

アプリコット ホテル

P16／「アプリコット ホテル」の外観。フレンチ
コロニアルスタイルが見事に再現されていて、新
築とは思えないほど。表紙の写真もこのホテル。
P17／レストランから見下ろしたロビー。

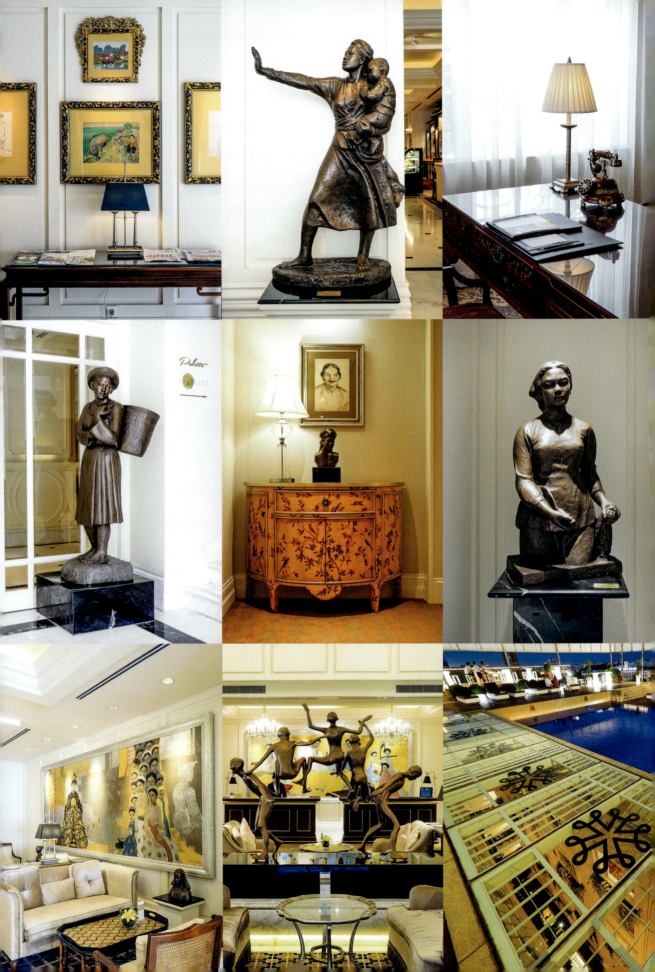

Ha Noi

Apricot Hotel

> *The hotel stands near Hoan Kiem Lake. This stylish hotel seems like an art gallery.*

ベトナム人は植民地時代、辛い状況に置かれた人も多かったが、フランス人との交流で恩恵を受けた人も少なくなかった。「アプリコット ホテル」の前身 Phu Gia Hotel のオーナー Cong Tu Nghiep も、その一人だ。運送会社に勤めていたが、真面目な仕事ぶりを認められてフランス人家族の使用人になり、後に養子として迎えられた。そして将来のために料理人になる勉強をさせてもらい、妻や息子とホテルを経営するまでに成功した。

ホテルは一時、国営化されたこともあったが、1995年に民営に戻り、株式会社となる。現在の経営陣の一人は、ベトナムアートの収集家として有名。そのため、非合理なまでに、フレンチコロニアルスタイルにこだわって建築家を選び、ベトナム人アーティストの作品を吟味し、照明にも贅を尽くし、2015年、美術館のようなホテルを新築した。

客室の内装も、大理石やシャンデリア、植民地時代をイメージした家具という念の入れようで、本物志向が一貫している。

吹き抜けのロビーを見下ろせる回廊にあるレストラン「ル アルティスト」は、朝食からほぼ一日中オープンしている。窓側の席でホアンキエム湖を眺めながらのハイティー、ピアノ演奏を聴きながらの本格的フランス料理のディナー……と至福の時間が流れる。

プールは屋上にあって、街が遠くまで見渡せる。夜のプールは、ドラマティックな照明に彩られ、恋が始まる予感。

▶ **Mike's Eye**

ハノイはホテル料金が安く、5つ星のこのホテルでも90USドルからとかなりお得な値段。食事は美味しく、部屋は清潔、スタッフの質が高い三拍子揃ったホテルだ。館内に展示された700点以上の絵画や彫像も堪能できる。

フランス統治時代、ベトナム芸術大学が設立され、その影響でベトナムの人々はますますアート感覚が磨かれた。ベトナム人は繊細で手先が器用。芸術、工芸品の質は高い。
P18／「アプリコット ホテル」にある700点以上の彫刻、絵画、スケッチなどの一部。全てベトナムでも名だたるアーティストたちの作品だ。P18下右／ライトアップされて美しい、夜の屋上プール。

The hotel is newly built, however, it perfectly reproduces the French Colonial style. Because the owner of the hotel was an art collector, there are many original paintings and sketches by famous Vietnamese artists on display. It stands on Hoan Kiem Lake near the area where the French once lived. The atmosphere of the neighborhood is very nice.

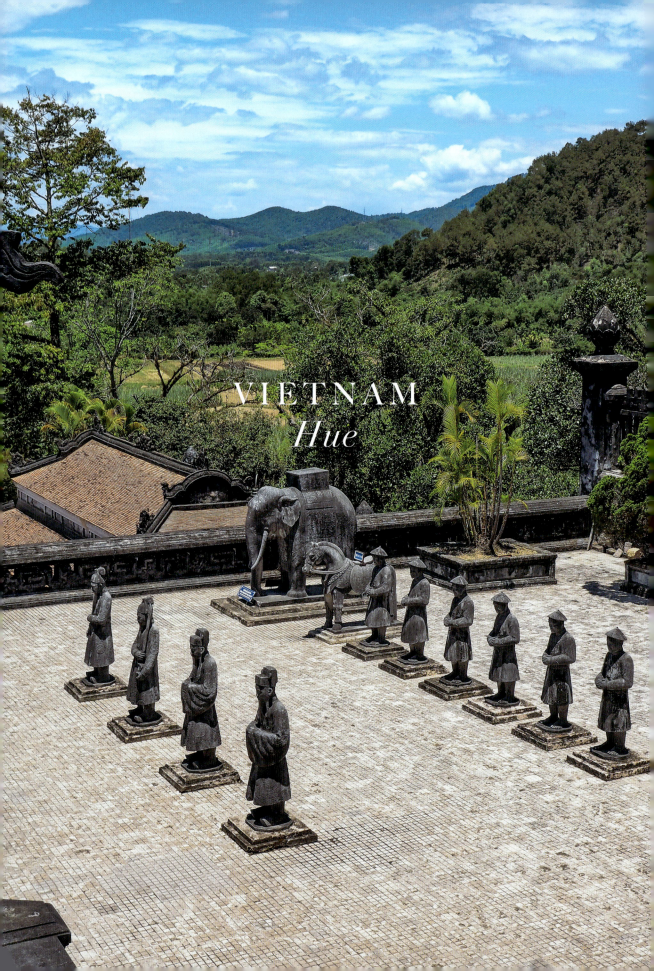
VIETNAM
Hue

ベトナム最後の王朝の街。華やかな宮廷文化が偲ばれる。

　フエにベトナム最後の王朝グエン（阮）朝が置かれたのが1802年。1883年に仏領インドシナのアンナン保護領となるも、グエン朝は王権を存続。サイゴン（現ホーチミン市）にベトナム民主共和国が成立する1945年までの約1世紀半、王都として繁栄し、皇帝は最後までフエの王宮を住まいとした。これらの王宮遺跡群は1993年にベトナム初のユネスコ世界遺産となり、現在ホイアンとともに中部ベトナムの2大観光地として人気を集めている。

　城壁に囲まれた静かな王宮エリアと、市民が暮らす新市街との比較も楽しいが、フエの魅力といえば、この地でしか食べられない宮廷料理の数々。とりわけフエの王族たちは美食に対しての意識が高く、どの地域よりレベルの高い料理が生み出された。王都ならではの洗練された地元食もぜひ味わっていただきたい。

美しいアールデコ建築を愛でながら、
大自然の中のフレンチヴィラでくつろぐ。

La Residence Hue Hotel & Spa-MGallery by Sofitel

ラ レジデンス フエ ホテル アンド スパ-Mギャラリー by ソフィテル

Hue

La Residence Hue Hotel & Spa-MGallery by Sofitel

> *The hotel stands beside the Perfume River. It was originally the residence of the French Colonial Governor.*

ベトナム最後の王朝、グエン朝の面影を残す麗しき古都フエ。街は19世紀初め、グエン朝の初代皇帝ザーロン帝と第2代のミンマン帝の時代に発展した。ゆったりと流れるフォーン川（香江）を挟み、北岸に皇帝が住む王宮建築群、南岸には王都を支える都市が造られた。1883年に仏領となると、フランス人居住区も造られた。

その一角、フォーン川のほとりに「ラ レジデンス フエ ホテル アンド スパ」は建っている。1930年築のフランス政府高官の邸宅を大改装し、2005年にラグジュアリーホテルとして見事に生まれ変わった。

20世紀初頭フランスで主流の建築様式といえば、幾何学模様や直線を多用したシックなアールデコ様式だ。改装にあたり、これを忠実に再現した。ガラス張りの庇（ひさし）をもつ円形ドーム型の本館にはレセプション、レストラン、バーがあり、南仏を彷彿とさせる。陽光が降り注ぐ中庭には、プールとテニスコートがある。

客室は本館の両側に伸びたウィングに位置し、客室内はアールデコらしさが際立つ。ピカピカに磨かれたテラゾータイルの床や、高級木材を使ったシンプルな調度品、カーヴの美しい化粧台、壁を縁取る白黒の縞模様などパーフェクトだ。

プールから周囲に広がる田園風景や対岸の王宮の要塞が一望できる。まさに、かつてフランス将校たちが過ごしたであろう時代にタイムスリップできる、珠玉のフレンチヴィラである。

▶ **Mike's Eye**
このホテルはどこを向いても絵になり、フィルムだったら1日20本は撮れる。スパまでコロニアル様式で一貫。私の滞在した部屋の机や物入れもアールデコ調で統一されていた。夕陽が差し込み朱色に染まるバーでベトナムコーヒーを飲んでいると、時の流れを忘れる。

P24／シンプルながらこだわり抜いたデザインのデスクやキャビネット、縦縞のチェアーも美しい。フォーポスターベッド[※1]の蚊帳（かや）は上部の弛（たる）みをなくすため木枠を添えるなど細やかな配慮がなされている。浴室には猫足の優雅な浴槽とルーバー[※2]付きフレンチドア。P25上／アールデコ建築が美しいスパのエントランス。P25下右／落ち着いた雰囲気のバー。コーヒーやカクテルを片手に、ゆったりとくつろぎたい。

The domed hotel around the spacious garden was designed with geometric shapes and straight lines. The pool overlooking the river and countryside scenery is magnificent.

※1 四隅に飾り柱を備えたベッド。
※2 羽板と呼ばれる細長い板を隙間をあけて平行に組んだもの。「鎧戸」、「ガラリ」とも呼ばれる。

Hue

20世紀初頭のノスタルジックな建築、100年以上にわたり、街のランドマークとして愛されているホテル。

Hotel Saigon Morin

ホテル サイゴン モーリン

" The hotel is a landmark in Hue.
It is in a western-style and nostalgic.

フォーン川と平行に走るレ・ロイ通りと、フンブオン大通りの角、いわばこの街の中心に威風堂々と佇み、街のランドマークにもなっているのが「ホテル サイゴン モーリン」。1901年の創業以来、1世紀以上もこの街の歴史とともに歩んできた。

ここのカフェに毎日来るリピーターも多く、街の人々に愛され続けている。外観は淡いベージュの壁と木枠の格子窓、ギリシャ・コリント風の柱がアクセントとなり、重厚感たっぷり。ロビーからの階段の手すりには、金属の細工が施されている。広々とした客室は、どっしりとした厚手のカーテンと暖色系の色調で、くつろげる雰囲気に満ちている。4階建ての客室棟の間に赤いタイルの床で囲まれたプールがあり、華やかな印象。

▶ Mike's Eye
「ミケさん、お久しぶり」ロビーで声がかかる。あっ「アナマン ダラ フエ」のバーマン。今はここのアシスタントマネージャー。この仕事で嬉しいのは、昇進したホテルマンとの再会。でも、私はマイクでミケじゃない、猫じゃあるまいし。

中部ベトナムでは最も古い歴史をもち、フエのさまざまな出来事を見守ってきたホテル。1946年に第一次インドシナ戦争が始まるとフランス軍の避難所に、また1957年から91年まではフエ大学としても機能した。P27上／老舗ホテルの風格を見せる外観。P27下左／ホテルの頭文字が描かれたひょうたん型のプール。P27下右／すっきりとして落ち着いたコロニアル様式のインテリア。

The cream colored walls, the lattice windows and wooden frame, and the Greek Corinth style columns, deeply impress. The pool's red tiles stand out. Many regular customers come to the coffee shop here everyday. The hotel is the symbolic center of the town.

VIETNAM
My Son Sanctuary

チャンパ王国の栄華を偲ぶ、聖地ミーソン遺跡。

2世紀末から17世紀にかけてベトナム中部を支配したのが、チャム族によるチャンパ王国。チャム族は、3世紀末までにインド文化を取り入れた社会を作りあげ、ヒンドゥー教を崇拝し寺院を次々と建設した。

チャンパ遺跡の中で最大といわれるのが、このミーソン遺跡だ。15の塔と71の建造物が残る。かつては木造のものが建設されたが火災で焼失。現在残っている遺跡は8〜9世紀頃にレンガで再建されたものだ。実際にこの地を訪れてみると、聖山マハーパルヴァタの美しい稜線を背景に、草に埋もれた遺跡群がひっそりと佇み、清らかな空気に包まれる。まさに「聖地」であることを肌で実感できる稀有な遺跡群である。ベトナム戦争により2度の爆撃を受け、廃墟のように変貌してしまったが、戦後、修築と保存が行われ、1999年12月、ホイアンとともにユネスコ世界遺産に登録された。

Da Nang

奇才ビル・ベンスリーデザインの最高級リゾートに、
フレンチコロニアル風のレストランが造られた。

InterContinental Danang Sun Peninsula Resort

インターコンチネンタル ダナン サン ペニンシュラ リゾート

　港に適した天然の地形ゆえ、古くから国際貿易港として栄えたダナンは、今ベトナム屈指のビーチリゾートとして人気を博している。その最高峰といえるホテルが「インターコンチネンタル ダナン」。アジアを中心に世界でリゾートホテルを手がけてきた建築家ビル・ベンスリーが9年の歳月をかけ2012年に開業した。

　中でも素晴らしいのは、ソンチャ半島のビーチ沿いに建てられたメインダイニングルーム「ラメゾン1888」。当時の典型的なフランス邸宅を模して設計し、シックさと優雅さを併せもつ白黒のモノトーンの世界を見事に表現している。新築にもかかわらず、19世紀末のロマンティックなフレンチコロニアル建築をイメージできる空間だ。

　海側のテラス席は、市松模様の美しい床に藤の椅子が置かれ、日没前の食前酒には最高のシチュエーション。3つ星レストランのシェフ、ミッシェ・ルーがプロデュースし、近郊の素材を生かした正統派フランス料理を賞味できる。

▶ Mike's Eye
バリ島やタイのリゾートデザインに感銘を受け、バンコクまでベンスリーに会いに行ったこともある私だが、初のコロニアル建築「ラメゾン1888」の秀逸な出来には感激。ご招待と思い喜び勇んで出かけたが、とんだ勘違いで大恥！

> *Bill Bensley, the gifted architect, built this resort.*
> *He dramatically reproduced a French Colonial style hotel.*

P30／ビル・ベンスリー作、コロニアルスタイルのレストラン「ラ メゾン 1888」の外壁に描かれたモダンな西洋女性。P31上／「ラ メゾン 1888」のテラス席。P31下左／ライトアップされた外観。P31下右／レストランの内部。P31下中央／ソンチャ半島の海に臨む斜面に、一つの集落のように建ち並ぶベトナム家屋風の客室棟。聖地ミーソン(P28参照)へは、ホテルから車で2時間ほどでアクセスできる。

The foremost resort in Vietnam opened around the seaside of Da Nang in 2012. The guest rooms are Vietnamese Villas. The restaurant, 「La Maison 1888」featuring a monotone floor and magnificent chandelier, is French Colonial. The villa style guest rooms look out to the sea. The hotel is very popular as a vacation resort.

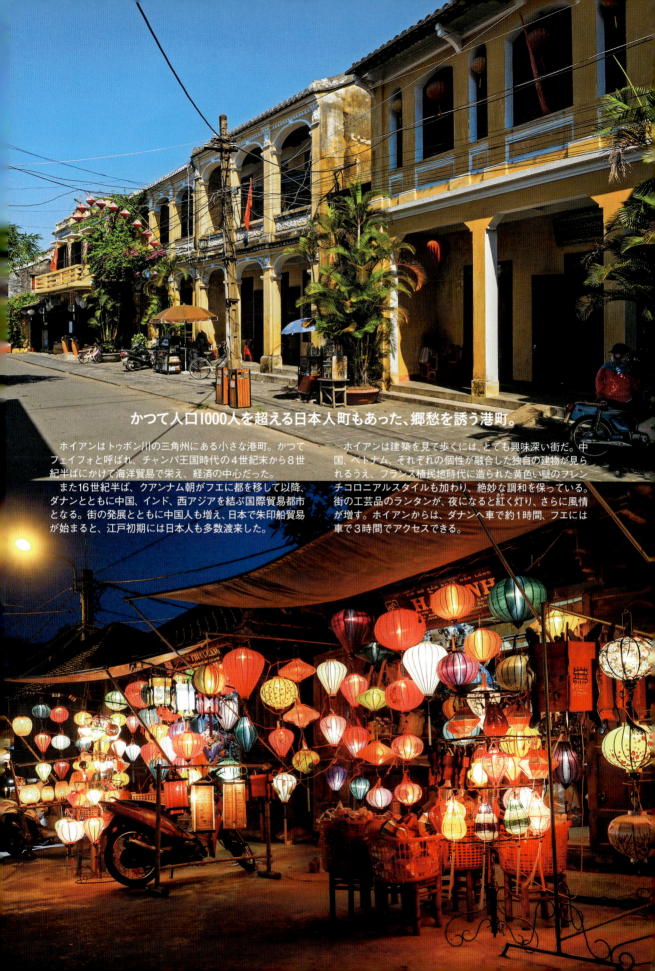

かつて人口1000人を超える日本人町もあった、郷愁を誘う港町。

　ホイアンはトゥボン川の三角州にある小さな港町。かつてフェイフォと呼ばれ、チャンパ王国時代の4世紀末から8世紀半ばにかけて海洋貿易で栄え、経済の中心だった。
　また16世紀半ば、クアンナム朝がフエに都を移して以降、ダナンとともに中国、インド、西アジアを結ぶ国際貿易都市となる。街の発展とともに中国人も増え、日本で朱印船貿易が始まると、江戸初期には日本人も多数渡来した。

　ホイアンは建築を見て歩くには、とても興味深い街だ。中国、ベトナム、それぞれの個性が融合した独自の建物が見られるうえ、フランス植民地時代に造られた黄色い壁のフレンチコロニアルスタイルも加わり、絶妙な調和を保っている。街の工芸品のランタンが、夜になると紅く灯り、さらに風情が増す。ホイアンからは、ダナンへ車で約1時間、フエには車で3時間でアクセスできる。

Hoi An

リバーサイドに映える椰子の木とレンガ色の屋根。
ホイアンの宿にふさわしい、ブティックホテル。

Anantara Hoi An Resort

アナンタラ ホイアン リゾート

ホイアン観光の中心地、歴史地区の市場からさらに東へ10分ほど歩くと、トゥボン川沿いに、このホテルがある。椰子の木とトロピカルガーデンに囲まれて佇むクリーム色の建物。ここまでフレンチコロニアルスタイルを再現した新築のホテルも珍しい。客室棟には、建物内部と外壁の間に、アーチ型の柱を配したコリドー（通路）が設けられている。いわゆる「ベランダスタイル」と呼ばれるもので、客室に強い陽差しが入るのを防ぐ働きをしている。

ロビーエリアはセミオープンエアになっており、南国らしいムード。全部で93ある客室の半分はスイートタイプ。リビングとベッドルームの間に段差があるヴィラのような造りで、全室デイベッドを備えた心地よいポーチが付く。

素晴らしいのが高級感に溢れるプールサイド。多くの植物が茂り、それがゲスト各々のプライバシーを保っている。川沿いのレストランでは、美味しい川魚や川エビなどシーフードもいただける。

▶ **Mike's Eye**
訪れたのは8月末。ホテルの支配人は盛んに、2時間ほどの距離にあるミーソン遺跡の見物を勧めた。私は連日無風快晴が続くと踏んで撮影を優先させたが、なんとそれから7日間悪天候。9月の降雨量は8月の倍だった。

> *Featuring an orange ceiling, the hotel is a nostalgic villa.
> It stands near the historical and cultural area
> of the ancient city, Hoi an, on the river.*

P35上／フランス植民地時代にタイムスリップしたかのような雰囲気のバー。アーチ型の窓や古びた木製の床にも味があり、のんびりとした川の景色に癒される。パブリックエリアはすべて開放感のある造りで心地よい。P35下中央／チャム族の伝統意匠などエキゾチシズムを感じさせるロビー。P35右下／昔のチャンパ王国を意識したオレンジとこげ茶のコーディネートが美しいスイートの客室。

To combat the heat, the hotel provides corridors between its exterior and interior walls. The many plants around the pool offer a comfortable privacy. Hojan is a port city from old times and is registered as a world heritage site. Many overseas Chinese and Japanese once lived here.

フランス人に愛された高原の避暑地ダラットへ。

　仏領インドシナ時代、フランス人が保養地・避暑地として自分たちのために造りあげた高原の町がダラット。標高1400m、年間を通して摂氏20度前後という涼しい気候に恵まれ、暑季でもエアコン要らずの街は、現在ではベトナムで人気のハネムーンやバカンスの地として人気が定着している。

　スアンフーン湖を抱くように街が広がり、松林の山々に溶け込んだフランス建築の佇まいもエレガントだ。コロニアル建築を見ながら、迷路のような起伏のある街を歩くのも楽しい。P36／1943年に完成したダラット大教会。P37上左／ナム・フォーン・クイーン・パレス、ベトナム最後の皇妃の所有していた建物。P37上右／1933年築のダラット駅。P37下左／かつてデパートだった建物で、今は「ドゥ パルク ホテル ダラット」のレストラン。P37下右／グエン朝最後の皇帝バオ・ダイの別荘。花園のような中庭が美しい。

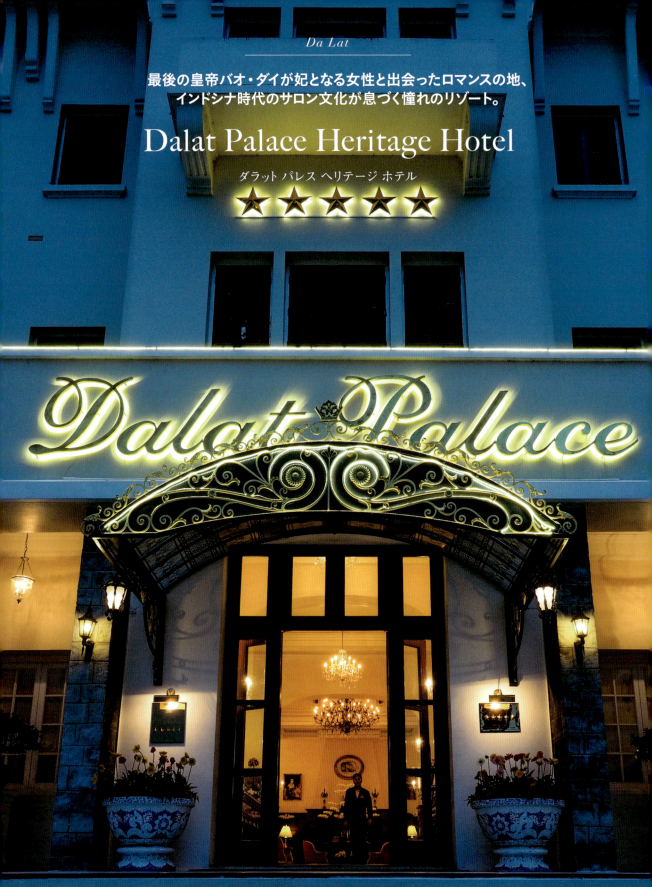

Da Lat

Dalat Palace Heritage Hotel

> *During the French Indochina period, Dalat City was a summer resort where celebrities gathered. An impressive hotel.*

早朝、フランス窓を開くと、高原の冷たい空気が流れこみ、朝靄に包まれた幻想的な湖が、目の前に広がる。

ダラットが保養地として人気が高まると、スアンフーン湖を見下ろす広大な敷地に、このホテルの前身「ランビアン パレス ホテル」が建設された。建築に6年を費やし、開業したのは1922年。サイゴンから長期で避暑や狩猟にやってくる外国人やベトナムの王族たちで賑わい、夜はフルバンドが入る舞踏会も開かれ、華やかな社交場となる。リゾートの原点ともいえる存在だった。グエン朝第13代皇帝バオ・ダイは、このホテルで王妃になる女性と出会う。

その後さまざまな歴史を経て、1991年、本格的なリゾートホテルとして再始動。玄関の階段を上り一歩足を踏み入れれば、そこはまさにいにしえの社交場。フロントを抜け、吹き抜けのロビーへ出ると、星形模様の大理石の床と蘭の花々。奥には暖炉が置かれ、コロニアルらしさが凝縮されている。

客室はさらに素晴らしい。天蓋付きベッドもアンティーク風の調度品も全てフランス本土から取り寄せたもの。デスクのランプや電話、浴室のミラー、蛇口、浴槽に至るまで、優雅なクラシックスタイルだ。格式の高い5つ星ホテルなのに、スタッフの気取らないサービスで、心からくつろげるのも嬉しい。

仏領インドシナ時代の「光」の部分を凝縮した、パレスの名が似合うホテルだ。

▶ **Mike's Eye**
チェックインの時、「エアコンの設備はありません」と言われてホントかよ……と思ったが、サイゴンは連日36度を超す暑さだったのに、避暑地ダラットは日中27〜28度、明け方は20度ほど。確かに夜は涼しく、毛布をひっかぶるくらいの心地よさ。

現在の建物は、1995年にフランスのアコーグループができるだけオリジナルに忠実に改装したもの。P40下／2階の客室から見た朝焼け。湖の向こうにホテル自慢のゴルフコースがある。徒歩5分の距離に街が広がっているのに、ホテルから望む風景に、人工的な建物は何一つない。レストランでは夜になるとピアノの生演奏があり、ジャズやクラシックを楽しめる。P41下中央／美しい外観はダラットのシンボル。

The beauty of colonial architecture is infused into the hotel. Canopied beds, antique furniture, mosaic floor tiles, and bunches of colorful flowers brighten up the hotel as in the old days. It is located in the cool highlands resort area, and has golf links.

VIETNAM
Can Tho

黄金のメコンデルタに埋もれた、美しきコロニアルの名残を探して。

　インドシナ半島を悠々と流れる母なるメコンは、全長4350km。チベットを源流とし、中国の雲南、ラオス、タイ、カンボジアを下り、最後はベトナム南部で南シナ海へと注がれる。メコン川河口の広大な三角地帯メコンデルタの中心となるのがカントーだ。1867年にフランス植民地となると運河が建設され、一大米作地となった。

　20世紀前半には、この運河のおかげで、メコンデルタ地方は世界でも有数の米作地帯として発展する。今でも米やその他の穀物、新鮮な果物、野菜、淡水魚など天然の恵みが支流からこのカントーに集められ、ホーチミン市や世界へと送り出されていく。

　メコンデルタにはフランス時代を偲ぶコロニアル建築はそう多くはないが、華僑の大地主「ユアン家」の館が残っており、南仏と中国が融合した独特の建築美を堪能できる。

VIETNAM
Sa Dec

禁断の恋物語『愛人／ラマン』ゆかりの地サデックへ。

サデックは、メコンデルタの中心都市カントーから北へ車で約1時間、映画『愛人／ラマン』(1992年公開)の原作の舞台となった街である。

1914年仏領インドシナ・サイゴンで生まれたフランス人女流作家マルグリット・デュラスは、70歳の時にこの自伝的小説を書き、世界でベストセラーとなった。雄大なメコン川の風景や熱帯モンスーンの風土、貿易で活気づく市場や雑踏など植民地時代のベトナム南部の空気感がリアルに描かれている。デュラスファンならずともぜひ訪れてみたい。デュラスが恋に落ちた男性、華僑の資産家の実家も見学できる。

P44の写真は、夕日を浴びたサデックの中央市場。フランスは統治時代、インドシナ3国のベトナムやカンボジアの市場をフランスの規格で造った。そのため、今も市場には、コロニアルスタイルが残っていることが多い。

Can Tho

ハウ川を見下ろす「レ スカール」で、
ぜひ、本格的フランス料理とワインを。

Nam Bo Boutique Hotel

ナンボー ブティック ホテル

貿易港として栄えるカントーの船着場、まさにその目の前に位置しているのがこのホテル。1930年代に商業用として建てられたコロニアルビルディングは、1998年に改装され、リバービューの美しいレストランとして開業した。2010年には居心地のよい客室も造られ、装いを新たにホテルとしてスタートした。

たった7室のホテルではあるが、全室スイート仕様で、客室のクオリティ、スタッフのサービスともに申し分ない。部屋は、木目と白い壁のモダンインテリアにベトナムカラーの朱色を配し、ロフト風に仕上がっている。上階のゲストルームから見晴らすカントー橋とハウ川のロマンチックな夜景は、息をのむような素晴らしさだ。

レストランとして創業したホテルだけあって、屋上のフレンチレストラン「レスカール」はレベルが高い。ワインセラーを備え、メコンデルタの海の幸をふんだんに使った繊細な料理がいただける。

▶ Mike's Eye

カントーへ行く一番の問題は移動手段。鉄道はない。高速道路が一部開通したが、ホーチミン市から車で3時間はかかり、タクシーだと約1.8万円と高い。バスの利用は、赤い車体の高級なバス会社 Phuong Trang が安心だ。料金は片道約700円で、ネット予約も可能。

> *The hotel stands at this famous port and trading hub.*
> *The restaurant is highly recommended.*

P47上／カントーの街の中心地に位置する「ナンボー ブティック ホテル」。ピカピカに磨かれた床が気持ちいい。広々としたリビングとベトナム風内装の落ち着いたベッドルームがあり、とてもゴージャス。P47下中央／タイル張りの床にベトナム製椅子、美しいランタンのフォルムがエキゾチックなロビー。P47下右／屋上のフレンチレストランでは、新鮮な川エビや川魚料理を楽しめる。

All seven guest rooms are suites. Red, a color often used in Vietnam, is beautiful. L'Escale, the French restaurant on the roof of the hotel, enjoys an excellent reputation, mainly because the hotel originally functioned as a restaurant. The sea food comes highly recommended.

Can Tho

南国フルーツをぎっしり乗せた小舟がゆらゆら……。
メコンデルタの喧騒と、静かなコロニアルリゾートを楽しむ。

Victoria Can Tho Resort

ヴィクトリア カントー リゾート

Can Tho

Victoria Can Tho Resort

> *The hotel is light yellow and typical Colonial. You can also enjoy a view of the Mekong delta.*

インドシナ半島でそれぞれの土地の魅力を生かしたホテルを数多く手掛けるヴィクトリア ホテルズ グループ。中でも、ここカントーの「ヴィクトリア カントー リゾート」は、メコンデルタの景色とフレンチコロニアル建築を充分に楽しむための、さまざまな計らいが嬉しい。

クリームイエローの優美な外観は、装飾を控え目にして、シンプルな中に美を追求するネオクラシックコロニアル。客室棟がコの字になって大きなプールを囲み、プール越しに見る本館の全景はとりわけ美しい。川沿いへ向かうと、爽やかな熱帯植物の中庭が広がっている。

ゲストルームには、シーリングファンとフローリングの床、寝心地のよいベッドが備えられている。スイートは、寝室とリビングを仕切るアーチ型の梁に木材を使用。木目を生かしたナチュラルカラーと、白、黄、茶の色使いが、上品で温かみが感じられる。

プールサイドのカフェテラスでは、生ビールやカクテルなどのほか、ハイティーがオーダーできる。バンブーのトレイに7種類のプチサンドイッチやスコーンなど、3時のお茶には、ちょうどよい。

このホテルの楽しみは、なんといっても気軽にフットマッサージを受けられること。レストラン横のコリドーに籐の椅子が用意され、いつでも好きな時にやってもらえる。通りすがりのスタッフが装う民族衣装アオザイの裾が風に揺れる。のんびりと何もしない、夢見心地の午後を過ごせる。

▶ **Mike's Eye**

このホテルには、縁あって14年ぶりに撮影の仕事で再訪することになった。綺麗に手入れされた客室やロビーは開業(1998年10月)当時のまま。ほかにも系列のホテルが5軒あり、どこに泊まっても安心できる。

P50上左/バルコニー側からの客室。プールビューの部屋も多い。客室はシンプルで居心地がよい。P50上右/ラウンジはコロニアル風の床のタイルが可愛い。P50下右/スイートルーム。P50下左・P51下右/南国の風が吹き抜けるレストランでは、フランス人シェフが土地の素材をふんだんに使い独自のフレーバーで味付けした料理を出している。前菜のパパイヤサラダがお勧め。P51上左/螺旋階段は全て木製。

The courtyard, which includes many plants from the southern regions and the main building overlooking the pool, are especially beautiful. Electric fans, wooden floors, and thick exterior walls are features of the colonial style. You can order high-tea at the poolside cafe.

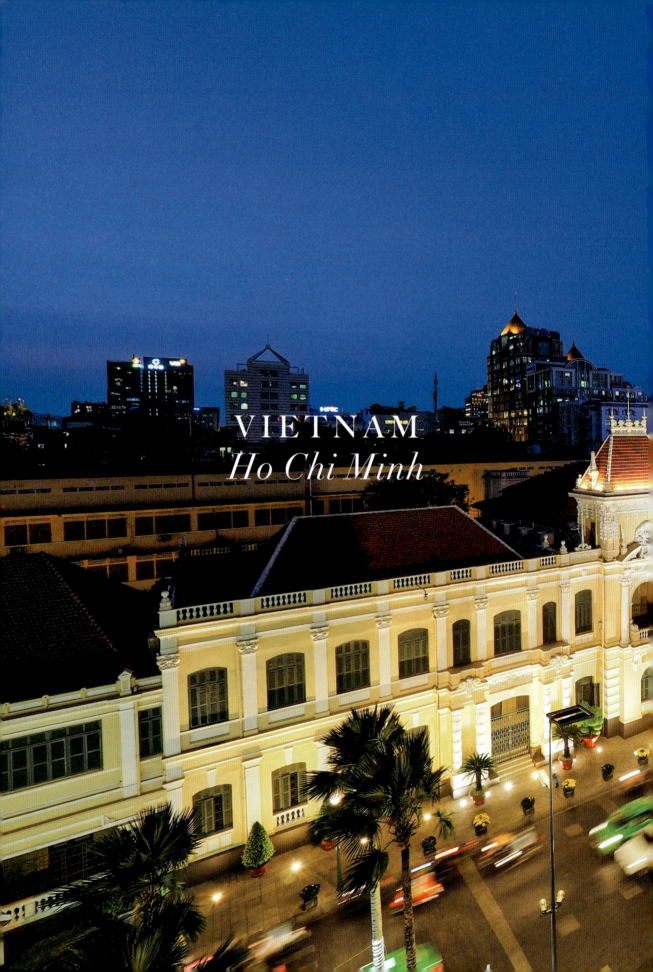

大都会ホーチミン市を彩る麗しきコロニアル建築群。

　人口約800万人、ベトナム最大の経済都市ホーチミン市。旧名はサイゴン。毎年訪れる度に街は活気をおび、東南アジアならではの喧騒も心地よい。古くはカンボジアのクメール族が治めていたが、17世紀にチャンパ王国を滅ぼしたベトナムのグエン王朝が南進し統治する時代が続いた。
　1862年にフランス・コーチシナ植民地の首都となって以降、河川港として急速に発展を遂げた。現在の街並みは当時のフランス政府の都市計画のもと造られている。年々最新の高層ビルが建設されていく中、サイゴン川エリアから伸びる街の目抜き通りには、華麗なコロニアル建築が軒を連ねる。ドンコイ通りの中心にある市民劇場やサイゴン大教会、中央郵便局、グエンフエ通りのホーチミン市人民委員会庁舎（旧サイゴン市庁舎）などがその典型。夜にはライトアップされて艶やかに輝き、歩行者天国グエンフエ通りは一層賑やかになる。

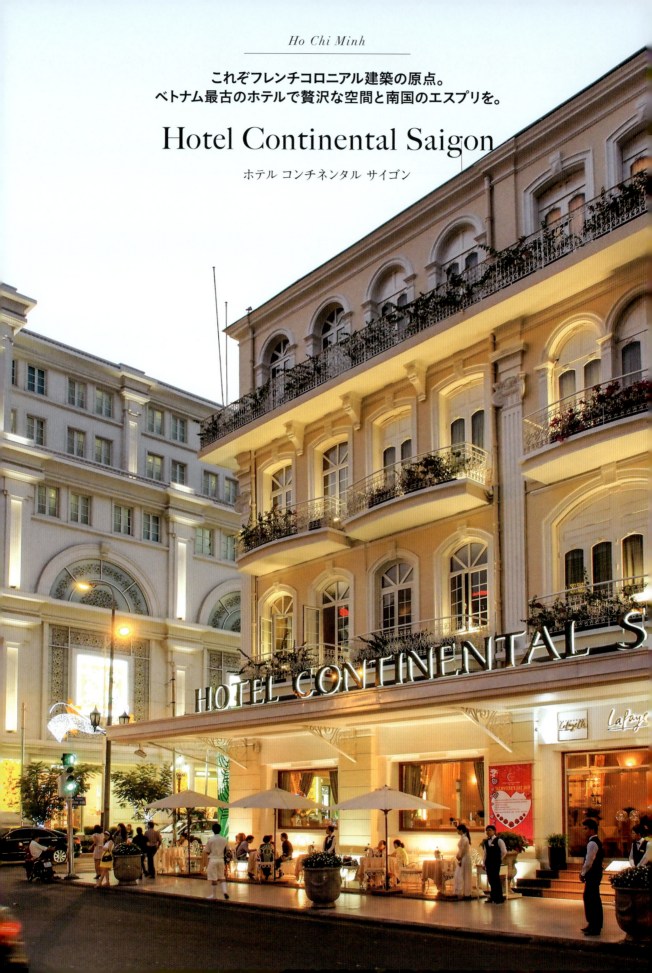

Ho Chi Minh

これぞフレンチコロニアル建築の原点。
ベトナム最古のホテルで贅沢な空間と南国のエスプリを。

Hotel Continental Saigon

ホテル コンチネンタル サイゴン

夕暮れのドンコイ通りでひと際目立つ優美な建物が、「ホテル コンチネンタル サイゴン」。フランス植民地時代の古いポストカードを見ると、隣接する市民劇場とこのホテルの佇まいは当時とほとんど変わっていない。椰子の木や樹木が茂るドンコイ通り（旧カティナ通り）を馬車が行き交い、木陰には劇場からの客を待つ人力車、天秤棒を横に置いて物売りが座っている。そんな華やかなりしフランス領時代から続くこのホテルに滞在し、昔を偲びながらカフェテラスで過ごすひと時は、まさにコロニアルホテルに泊まる旅の醍醐味といえる。

フランスの統治が始まって約20年後の1880年、本国からの軍人や官僚のために初めてベトナムに建てられたのが、このホテル。幾度か改装を重ねてはいるが、外観や内装は当時の姿を残す。どの客室も広く、約3ｍの高い天井、20㎝以上の厚い白壁、天井まである細長いフランス窓が備わる。エアコンがなかった時代を涼しく過ごす工夫が凝らされている。

無駄に見えるこの贅沢な空間こそが、あの時代の優美な遺産だ。弧を描くムーア式の梁とそこに施されたアールヌーヴォーの漆喰細工、幾重にもドレープを湛えるカーテン……一つひとつのディテールが素晴らしい。床には素足に気持ちよいチーク材を使い、ベトナム製の木製家具を配置。フランスから取り寄せた銅の柱が残されている部屋もある。

シンプルで優雅さに満ちたクラシックホテルを堪能したい。

▶ Mike's Eye

確か2010年、仕事でダラットへ行く際に宿泊した時のこと。朝4時頃ふと目が覚めると目の前に水兵の格好をした背の高い白人が立っていた。テラスのドアを開け寝たので、てっきり泥棒と思い身構えたが、気づくとシーツが汗でぐっしょり。風邪気味で悪夢を見たか。

> *The hotel is the oldest example of colonial architecture here. That fragrance stays with us in this luxurious space.*

地元民にも愛され続ける街のランドマーク。朝は、ここのカフェで新聞を広げてコーヒーを飲み、昼は商談をする人も多い。P55中ほどの写真はコンチネンタルスイートの客室。欧州の著名人はもとより、日本の作家・開高健の常宿でもあった。「開高健スイート103号室」は人気の客室。朝食をとる中庭テラスには、創業当時ラオスから運ばれた3本のフランジパニ（プルメリア）の古木が残り、甘い香りで人々を包む。

Twenty years after the beginning of French colonization, this hotel was built for public servants, merchants, and travelers from France. The hotel seems to be from the glorious days of the past. Every detail of the interior design is classical and fantastic.

P56／1880年から続く「ラ ドルチェ ヴィタ カフェ」。籐の椅子に座り、ドンコイ通りを行き交う人を眺めながらくつろげる。P57／客室の天井を飾る美しいフレンチコロニアルの装飾の数々。花弁を模した愛らしいシャンデリアのランプシェードや、コリント式柱の装飾などもお見逃しなく。

Ho Chi Minh

Hotel Continental Saigon

Ho Chi Minh

凛と立つ美しいドームのファサードが目印。
アールヌーヴォーのクラシックホテルへ。

Grand Hotel Saigon

グランド ホテル サイゴン

" The light yellow domed tower stands out.

プチパリと呼ばれたサイゴンの中心地ドンコイ通りで、ドーム型のタワーが並木の緑に映え、ひと際目立つのが「グランド ホテル サイゴン」。植民地政府公営のホテルとして、「コンチネンタル サイゴン」(P54)に続き、1930年に創業した。2010年に、開業当時の建物に加え、20階建ての新館も建築されたが、創業当時から活躍する古い手動式のエレベーターなどは残された。大理石を惜しみなく使った広々としたロビーとアーチ型の柱、アイアンワークが美しい階段の手すりなど、曲線美に溢れている。

客室は、落ち着いたヨーロピアンスタイルで、館内には甘いピーチの香りが立ち込めている。人気のルーフトップバーで、冷たいカクテルを片手にサイゴン川の絶景を楽しみたい。

▶ Mike's Eye
本書のP150に、今とほとんど変わらない創業当時のこのホテルの写真を掲載した。東京がもし戦災に遭わなくても、明治の名建築が今に伝わっていただろうか？ はなはだ疑問。

P58／仏領インドシナ時代の姿を留めるドーム式玄関。現在は裏玄関となっているが、当時はサイゴン川から船で到着したゲストをまずここで迎えていた。地元ではウエディングの記念撮影場所としても人気が高い。P59上／旧館に囲まれているスイミングプールは、都会のオアシスと呼ぶにふさわしい。P59下右端／新館のラグジュアリースイート。家具は全てヨーロッパからの輸入品を使用している。

The hotel opened in 1930. The lobby with marble, manually operated elevators, And a beautiful ironwork handrail on the staircase are splendid. It is common and popular for local people to take wedding photos here.

Ho Chi Minh

インドシナ黄金時代の香りを残す名門ホテル、時を忘れてロマンに酔う。

Hotel Majestic Saigon

ホテル マジェスティック サイゴン

> *The hotel presents the prestige of French Indochina.*

　20世紀初頭、ヨーロッパ大陸から太平洋を渡り、長い船旅の後に辿り着くのはサイゴンの港だった。仏領インドシナが繁栄し、フランスからの旅行者も増え続ける中、1925年、華僑の大地主フイ・ボン・ホア氏により設立されたのが「ホテル マジェスティック サイゴン」。

　港に近い川沿いのトンドクタン通りとドンコイ通りの交差点に、4階建ての44室のホテルとしてスタートした。1995年8月に大改装が行われ、近代的な設備も備わっているが、インドシナ時代のデザインや華やかさは大切に残された。

　ロビーの天井や窓を彩るのはアールデコ様式の色鮮やかなステンドグラス。クリスタルのシャンデリアから放たれる光が、ステンドグラスやモザイク模様の大理石の床に反射し、どのホテルよりも華やかな印象を与える。贅を尽くした調度品は、コロニアルスタイルを極めている。ゲストルームの浴室にもステンドグラスが施され、ベッドルームの床にはベトナム産の紫檀が張られ、高級感に溢れている。リバービューの客室には、バルコニーと防音を施した二重窓が備えられ、クラクションも聞こえてこない。

　現在は5階建てになっており、最上階にあるスカイバーからの川景色も魅力の一つ。特に年末年始は、川岸で打ち上げる花火を見るためのゲストで満室となるという。

　今も昔も、夢とロマンを与えてくれるゴージャスなホテルである。

▶ **Mike's Eye**

サイゴンの周辺は極端に高層ビルが増え、だんだん昔の面影が薄れてきてしまった。10年後は、アジア中のどの街も同じように見えてしまうのだろうか。風情のある写真を撮ることのできる角度も減る一方で、苦労する。

水深11mのサイゴン川はインドシナ時代から貿易に重用され、現在も大きなコンテナ船が行き交う。P60上／メインロビー。現在のシャンデリアやステンドグラスは1995年の改装時に輸入したものだが、創業当時の趣を見事に再現している。P60下／サイゴン川側からドローンで撮影したホテルの全景。背後には、ホーチミン市で最も高いビテクスコ フィナンシャルタワーが聳え、夜のライトアップも美しい。

The hotel impresses as gorgeous and luxurious, with its stained glass windows, crystal chandeliers, and mosaic floor tiles. The guest rooms are set with nice classic furniture. There is a feeling of quiet comfort and nostalgia.

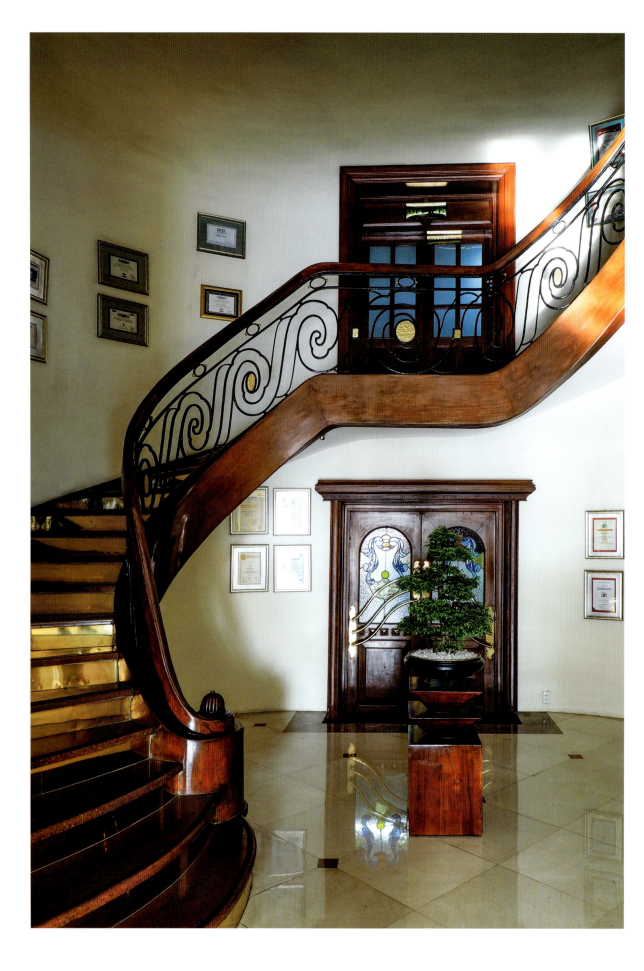

Ho Chi Minh

Hotel Majestic Saigon

P62／波型模様が美しい旧館の螺旋階段。P63 上／「マジェスティック スイート」は、アイボリー色をベースにラグジュアリーに仕上がっている。ロビーやパブリックスペース、コリドーや客室で、お気に入りの意匠を味わいながら過ごすのも、歴史あるコロニアルホテルならではの楽しみ方。

There are many pieces of carved classical furniture in the guest rooms and lobby. Everything is genuine and well-balanced in this historic hotel.

Ho Chi Minh

ゆったりと流れるサイゴン川のほとり、
古き良きインドシナへと誘う白亜のサンクチュアリ。

Villa Song Saigon

ヴィラ ソン サイゴン

*❝ The white limestone boutique hotel stands
at the head of the Saigon River.*

　ホーチミン市中心部のフェリー乗り場からボートで北へ15分。大都市の喧騒を離れて辿り着くのは、壮麗なコロニアルハウスだ。「ヴィラソン サイゴン」は、サイゴン川上流河畔に建つ、わずか23室のブティックホテル。2013年12月に大富豪の私物だったヴィラを改装した新しいホテルだが、コロニアルな雰囲気は、歴史あるホテルに決して引けをとらない。一つとして同じ部屋はなく、それぞれに異なるデザインが秀逸だ。

　旅で疲れた体を癒してくれる上質のベッドと羽枕、ルーバー扉を備えたキャビネットや高級紫檀の家具など、シンプルかつエレガント。手入れの行き届いた芝生と椰子の木、甘い香りを漂わせるフランジパニの花々……。静かなバカンスを過ごすには最高の場所だろう。

▶ **Mike's Eye**
サイゴン川の上流に最近ヴィラが増えた。ベトナムも変わっていくようで複雑だ。コロニアルホテルに付きものの螺旋階段は、覗くと目眩がしそうなほど立派なものだったのに。

近頃、サイゴン川上流のヴィラホテルで週末をリッチに過ごす地元富裕層も多くなっているそうだ。中心街から少し離れるが、旅行者でもホテル所有のフェリーで、ドンコイ通り近くの中央フェリー乗り場へすぐアクセスできるのでお勧め。P64／正面玄関のライトアップ。P65下左／ゆったりスペースを取ったモダンで使いやすい洗面所とレインシャワーが備わる浴室。P65下中央／「サンクチュアリー リバー ルーム」の室内。

The renovated hotel was originally the house of a millionaire. Each room has a different interior, and is exquisite. Furniture made of red sandalwood, and closets with louvre doors are beautiful and impressive. This is a stylish resort surrounded by palm trees and flowers.

CAMBODIA
Phnom Penh

かつて東洋のパリと呼ばれ、寺院や王宮、広い道路や街並みが整然と並ぶ首都。

プノンペンとはクメール語で「ペンの丘」を意味する。遠い昔、信心深いペン夫人が洪水で川に流されてきた4体の仏像を小高い丘に祀り、寺院ワットプノンを建立したという伝説がその名の起源とされる。9〜15世紀のアンコール王朝時代や、タイのアユタヤ朝、ベトナムのグエン朝に吸収された時代を経て、1884年に仏領インドシナ連邦の一部となる。フランスは、街の中心にドーム型の中央市場を造り、そこから広い道路を放射状に伸ばし、街路樹を植えた。1970年代の内戦まで「東洋のパリ」といわれるほど美しい街並みを誇っていた。1975年からポル・ポト政権、79年からヘン・サムリン政権による社会主義国だったが、93年からは国王を元首とする立憲君主制国家になった。元首は、ノロドム・シハヌークの子息であるノロドム・シハモニ国王。近年は日本との経済交流も盛んで、日本からプノンペンに直行便も飛んでいる

Phnom Penh

名門ホテルで過ごす甘美な時間は、
インドシナ時代の麗しき遺産。

Raffles Hotel Le Royal

ラッフルズ ホテル ル ロワイアル

Phnom Penh

Raffles Hotel Le Royal

このホテルの前身「ホテル ル ロワイアル」は、プノンペンで最も歴史と格式を誇るホテル。1929年11月に開業し、1930年代から1960年代までは第2次世界大戦中も含め、多くの国賓や政府要人に利用され黄金期が続いた。

1997年に3つの客室棟が増設され、2011年には全面改装も行われ、現在はあの有名な「ラッフルズ ホテル」が経営し、ブランド名に恥じない品格を保っている。2015年末には人気の「エレファント バー」も往年の輝きを取り戻した。

> *A beautiful heritage from the French Colonial era. A great time is guaranteed with its excellent service.*

多くの著名人から愛され、ジャクリーン・ケネディ、シャルル・ド・ゴール、サマセット・モームなどが訪れ、その名は今もスイートの客室名に刻まれている。

ロビーは、フランスのアールデコとクメール様式のエキゾチシズムが溶け合い、神秘的で落ち着ける空間。いまだにインドシナ時代の空気を漂わせている。

鉄柵の手動式エレベーターで宿泊階に降りると、アールデコ調の市松模様の廊下に目を奪われる。

ルームカテゴリーは8つあり、バカンス、ビジネス向けで設備も少し異なる。一番人気のシャルル・ド・ゴールが宿泊した「パーソナリティ スイート」は、チーク材の床にペルシャ絨毯、フォーポスターベッドのまわりのファブリック類はゴールドとブラウン、壁はライトグリーンと配色も見事だ。全室にバトラーが付き、ホスピタリティ溢れるサービスに、貴族になったような、ひと時の夢を見られる。

▶ **Mike's Eye**
「エレファント バー」は、フレンチコロニアルスタイルのバーの極めつけ。むしろ少し曇りの日に撮影をしたら、これがまたいい写真になった。カクテル類12USドルと高いが、ま、これだけの場所なら、こんなものですか。

P68〜69／フランス植民地時代の雰囲気を色濃く残す「エレファント バー」。弧を描くアーチ式天井と王室お抱えの絵師による象のペイントは創業当時のまま、モダンな照明器具と家具が備わりゴージャスに生まれ変わった。P70／優美なロビーエリア。チェックイン時には冷たいウェルカムドリンクが蘭の花とともにサーブされる。P71下／「ランドマークス イート」のベッドルーム。浴室も気品と清潔感に溢れている。

The lobby is elegant and beautiful with a mixture of French Art Deco and Khmer style. There are 8 room categories and a butler for each room. With the hotel's attentive service and hospitality, you can experience the dream of being treated like a true noble. The hotel was a favorite of Jacqueline Kennedy Onassis and Charles de Gaulle.

Phnom Penh
Raffles Hotel Le Royal

P73／「レストラン ル ロワイアル」には、ジャクリーン・ケネディが訪れた際に出された料理のメニューが残っている。フランス人シェフが力を入れているランチビュッフェは、サラダやスープ、デザート類が食べ放題。選べるメインディッシュは出来立てがサーブされるから、かなりお得だ。

The Elephant Bar on p.68-69 is a wonderful space heavily reminiscent of the French Colonial era. The elephant painting was done by a painter of the Royal Family.

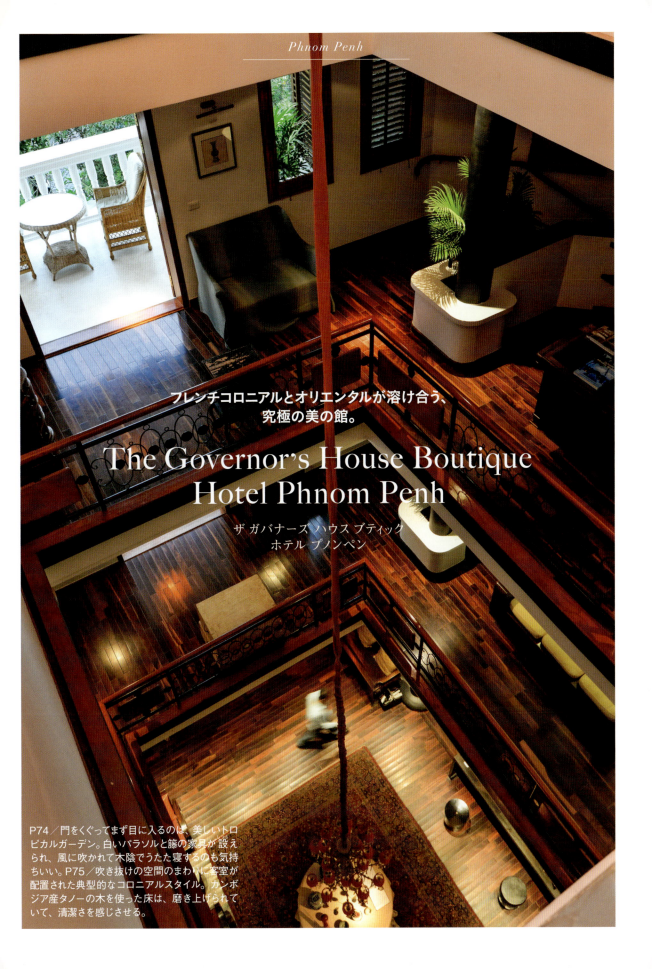

フレンチコロニアルとオリエンタルが溶け合う、
究極の美の館。

The Governor's House Boutique Hotel Phnom Penh

ザ ガバナーズ ハウス ブティック
ホテル プノンペン

P74／門をくぐってまず目に入るのは、美しいトロピカルガーデン。白いパラソルと籐の家具が設えられ、風に吹かれて木陰でうたた寝するのも気持ちいい。P75／吹き抜けの空間のまわりに客室が配置された典型的なコロニアルスタイル。カンボジア産タノーの木を使った床は、磨き上げられていて、清潔さを感じさせる。

Phnom Penh

The Governor's House Boutique Hotel Phnom Penh

> *This ultimate example of beauty mixes French Colonial with Oriental touches.*

急速に変化するプノンペンで、今最も注目されているのが、独立記念塔から南西に広がるバンケンコンエリア。古くから外国人が住む高級住宅地として知られる地域だ。インドシナ時代のコロニアルハウスがとても良い状態で残り、それらを改装したヴィラハウス風のお洒落なプチリゾートホテルやカフェレストラン、スパなどが増え続けている。

このエリアで、大使館が集まる閑静なマオツェトン通り沿いにあるのが、「ザ ガバナーズ ハウス ブティック ホテル」。

フランスの植民地時代に、上院議員が住んでいた19世紀末の邸宅を、8カ月かけて改装し、2012年に開業した。

オーナーはベルギー出身のインテリアデザイナー、ガルニエ氏。ヨーロッパやアジア各地から集めたアンティーク美術品の数々が、フレンチコロニアル様式の内装や家具と調和し、このうえなく洒落た空間に仕上がっている。

12室ある客室カテゴリーは、スイートを含め5種類。どの部屋もそれぞれに趣向が凝らされ、たとえばマリリン・モンローのモノクロ写真を生かした「ランドマーク2」の客室は人気が高くリピーターも多い。浴室の設備やAV機器は最新のもので、快適に過ごせる。デイベッドが置かれたプールも小さいが居心地がよい。ワインセラーを備えたフレンチレストランはサロン風で美しく、時折ジャズライブも催される。スノッブな空間で、上質な時間を過ごすことができるホテルだ。

▶ **Mike's Eye**
3階の吹き抜けの美しさは、プノンペンのラッフルズを彷彿とさせる。2階踊り場のライブラリーは、コーヒーテーブルブックの蔵書が見事。モノトーンのベッドルームや浴室は、清潔な印象で、パフォーマンスがよい。

建物は、インドシナ時代のフランス建築に英国の要素を取り入れたヴィクトリアンスタイル。「西洋と東洋の美の融合」をテーマにした客室は、見えない部分もこだわっている。全客室のベッドにオーストラリア産の最高級マットレスを使用し、快眠を約束。パブリックエリアはフランス統治時代と変わらず、贅沢な空間を惜しみなく使っている。P77下／65㎡の広さのジャグジー付き「ジャッキー ジュニア スイート」。

The upper house senate's residence at the end of 19th century was renovated by its Belgian designer-owner. The French restaurant with wine cellar is in a saloon style and delightful. The hotel provides quality time in a fancy luxurious space.

かつては外人記者クラブだったカジュアルホテル。
今も夕刻になると往年の賑わいが甦る。

FCC Hotel Phnom Penh

エフシーシー ホテル プノンペン

　このホテルは、プノンペンの観光エリア、シソワット通りに面し、王宮から500m、中央市場から1kmという好立地にある。元は外国人特派員クラブとして造られ、ベトナム戦争が激しかった頃は、この小さなホテルのバーがジャーナリストたちの前線基地だった。ジョッキを傾けながら深夜まで、彼らは情報交換や戦況分析に余念がなかった。

　トンレサップ川を見下ろすレストランは、今も英語やフランス語が飛び交うコスモポリタンな社交場だ。

　経営者は、アジアで手広く飲食店を展開するインドシナ・アセットという会社だが、カンボジアの郷土料理アモックや牛肉のロックラックのほか、ピザやパスタ、煮込み料理など、どれも美味しい。

　開業当初、客室は3室しかなかったが、現在は裏側の別館と合わせて15室。広く清潔な客室には、フローリングの床やルーバー付きの木製クローゼット、大きな格子窓などがあって、簡素な中にコロニアル様式が脈々と受け継がれている。

▶ Mike's Eye
ホテルのバーにはベトナム戦争当時、特派員が集った。戦場カメラマンの故・一ノ瀬泰造や故・沢田教一が拠点にしたかは不明だが、今も昔のまま。私の師匠、A新聞社のF氏もここで一杯ひっかけたかと思うと、感無量。

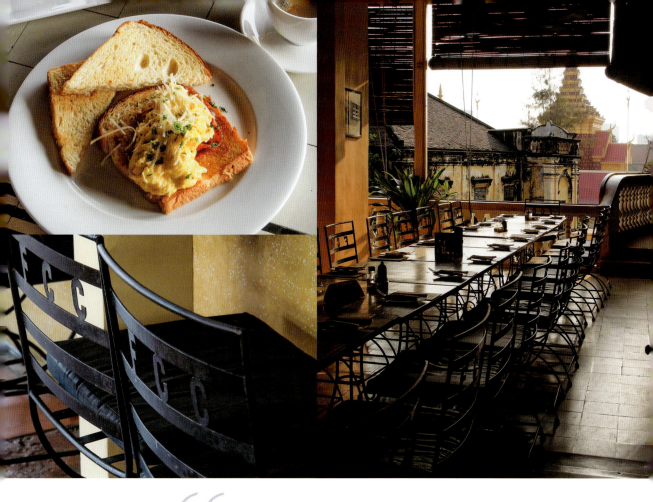

> *This casual hotel was once the city's Foreign Correspondents' Club. Even today you can feel the hustle and bustle of the old days here in the evening.*

P78、P79上／ホテルのレストランのテラス席とインドア席とバー。カウンターに立つ、右側の人物は、本書の著者、マイクこと増島実。料理は、美味しいと評判の朝食。P79下左／広々とした客室。簡素なエントランスやレセプションに比べて、客室のレベルは高い。P79下中央／カンボジアでは珍しく葉巻を売っている。P79下右／ホテルの外観。ホテルが位置するシソワット通りは地元の人や観光客でいつも賑わう。

When the Vietnam War was at its most intense point, this little hotel used to be the front line base for correspondents. Here, they exchanged information and analyzed the war, tilting beer mugs late in to night. Today, this hotel is still a cosmopolitan social meeting place with English and French flurrying about.

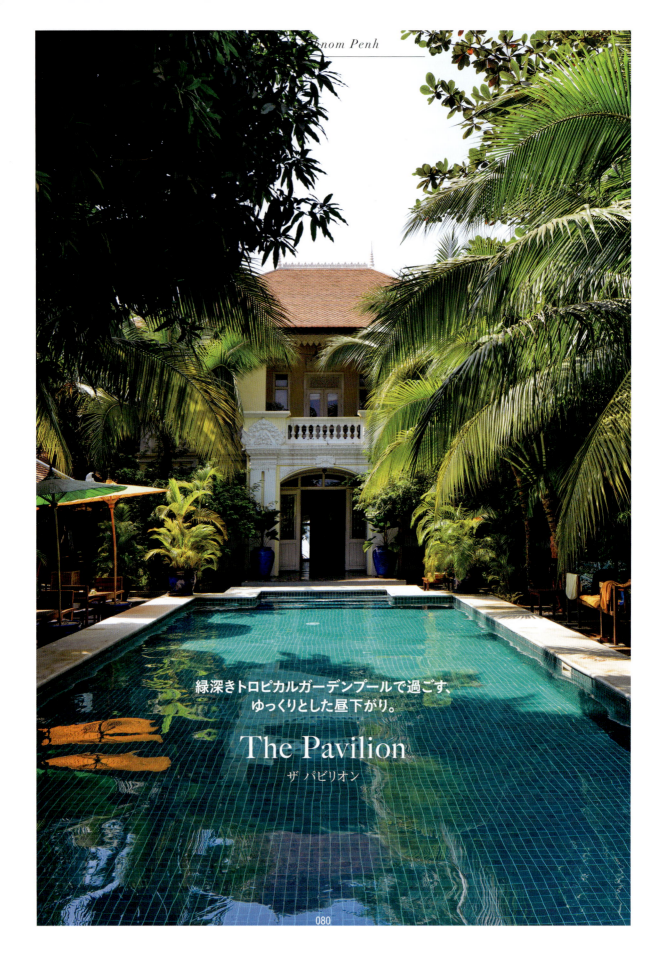

Phnom Penh

緑深きトロピカルガーデンプールで過ごす、
ゆっくりとした昼下がり。

The Pavilion

ザ パビリオン

P80／プールサイドには休憩用デイベッドが用意され、心ゆくまで贅沢な時間を楽しめる。P81／フレンチコロニアル建築にクメールの要素を加味したゲストルーム。素足でも気持ちいいタイルの床に、モスキートネット付きのベッド、シーリングファンやパソコンも備わっている。

Phnom Penh

The Pavilion

A wonderful way to spend a relaxed afternoon in a tropical garden pool surrounded with an abundance of greenery.

　インドシナのリトルパラダイス ── そんなフレーズがぴったりの「ザ パビリオン」。王族のコサマック女王の住居だった1920年代のコロニアルハウスを改装し、プノンペンのブティックリゾートホテルの中では比較的早い時期にオープンした。

　2006年の開業当初は10室だった客室も、後に隣接する上院議員や外交官の邸宅を買い取って敷地を広げ、現在は36室に増えている。

　小さなゲートを入ると、敷地いっぱいに広がっているのが、手入れの行き届いたトロピカルガーデン。さらに足を進めると、黄や緑のパラソルが涼しげな、ホテルの規模に比べて大きなプールがある。バナナや椰子の木陰には、レディッシュ・ブラウンの屋根をもつ、黄色いコロニアルヴィラが見え隠れする。外からは想像もできない生き生きとしたオアシスのような世界に、一気に魅了されてしまう。かつてフランスの植民地時代に、ここを住居にしていたフランス人の優雅な暮らしが羨ましく思えてくる。

　客室カテゴリーは全部で8つ。ゲストルームはひと部屋ごとに内装が異なり、ダブルとツイン以外の6つのカテゴリーの部屋には、小さなパティオかバルコニーのいずれかが備わっている。アジア各地から集めた個性的な家具が、オリエンタルな雰囲気を醸しだす。ジャグジー付き、プール付きなど好みで選べる。

▶ **Mike's Eye**
前回滞在時、チェックアウト予定日が故・シハヌーク殿下の葬儀と重なり、運悪くホテル近辺は朝から通行止めになると言われた。レセプションは前日に通行禁止区域外のホテルへの移動を勧め、良いフレンチヴィラのリストをくれた。小さなホテルの大きな親切。

まさに、閑静な住宅街の中の隠れ家ともいえるシティリゾート。館内を散策すると、どこを撮っても絵になるから嬉しい。テラスやコリドー、ライブラリーなどパブリックスペースを広く取り、滞在中にゲストが退屈しないような配慮もなされている。階段の踊り場や各建物の入り口などに、チェンマイの美しいランタンや、カンボジア在住のモダンアーティストの絵画など、素敵な美術品を見つけることができる。

The hotel was opened much earlier than other boutique resorts in Phnom Penh. It was renovated from a colonial-style house in the 1920s where a Royal Family Lady had lived. The tropical garden is magnificent. You can imagine the rich lifestyle of the French here during the French-Indochina era.

Phnom Penh

木立の中に見え隠れする、
神秘的な雰囲気が漂うヴィラ。

Mysteres & Mekong Phnom Penh Lodge

ミステアズ アンド メコン プノンペン ロッジ

The villa and its mysterious atmosphere glimpsed among the trees.

プノンペンでフレンチコロニアルのヴィラホテルを探すのは難しいが、ここは稀有な一軒。20世紀中頃、ケップやカンポットなどのリゾート地にフランス風のヴィラをいくつも設計した著名な建築家の作だ。クメールの影響も見られ、フレンチクメール様式とでも言うべきか。手入れが行き届き、オリジナルのまま美しく保たれていることに好感がもてる。

2階のロビーから3階客室へは、螺旋階段で上り、客室内にはシーリングファンや蚊帳を吊る支柱付きのベッドがあり、コロニアルの定番が揃っている。往年を偲ばせる演出がにくい。庭に目を移せば木立の中にオアシスのようなプールがあり、秘密めいた雰囲気。王宮や有名なシルバーパゴダなどまで徒歩10分以内の街中とは思えない、居心地のよさだ。

▶ **Mike's Eye**
3つ星ホテルにしては立派なプールがあり、バスルームの湯水の出もよい。レストランは朝食のみ。プールに来るマッサージの客引きにご用心。ホテルを通さない、もぐりらしい。

P84上／ホテルのコロニールーム。古いタイルの床、フォーポスターのベッド、現地の文様をあしらったアンティークな椅子がノスタルジック。P84下／プノンペンの街中なのにオアシスのような清涼感がある美しいプール。P85上／3階踊り場には小テーブルと椅子があり、ゆったりと読書や喫煙も可能。P85下中央／ちょっとミステリアスなホテル入り口。P85下右／連子窓で光を取り入れた円形のレセプション。

This villa is rare, since it is hard to find a French Colonial villa or hotel in Phnom Penh. Classic Colonial style touches are the spiral staircase, ceiling fans and four poster beds with mosquito netting. The pool, which sits in a grove of trees, is mysterious and lovely.

CAMBODIA
Siem Reap

時を超え神々が宿るアンコール遺跡群へ。

9〜15世紀の600年以上にわたりインドシナ半島を支配し隆盛を極めたアンコール王朝。各時代の王たちは宗教都市を築き、ヒンドゥー教や仏教の寺院を次々と建立した。その数はカンボジアやタイ東北部を含め1080を超える。

現在見学できる主な遺跡は60余り。中でもクメール芸術の最高峰といわれるのが、13代目の王スールヤヴァルマン2世が建てたアンコールワット（写真）だ。1860年にフランスの探検家アンリ・ムオが遺跡を発見し、その旅行記とスケッチを旅行新聞に発表。さらに1878年、パリ万国博覧会で遺跡の石膏模型が紹介され世界が驚愕する。

1884年、カンボジアがフランス領になると、遺跡をひと目見ようと旅行者が押し寄せた。今も昔も世界の人々を魅了するスピリチュアルスポット、アンコール遺跡群。観光のベースとなるシェムリアップでお勧めのホテル2軒を紹介する。

Siem Reap

王族の離宮を思わせる荘厳さと
ラッフルズならではの丁重なホスピタリティ。

Raffles Grand Hotel d'Angkor

ラッフルズ グランド ホテル アンコール

世界遺産アンコールワットから8km、車で15分の距離にある「ラッフルズ グランド ホテル アンコール」。1932年、フランスから来るアンコール遺跡観光の旅客向けの宿「グランド ホテル」としてオープンした。1970年代後半に、内戦で荒れ果てたホテルをラッフルズホテルが1997年に見事に甦らせた。その後2012年の大改装によってさらに美しく生まれ変わった。

仏領インドシナの時代、訪れるゲストは上流階級が多く、観光のみならず、かつて王室の敷地だったフランス庭園でくつろぎ、食事やプールでの水浴、ダンスなどを楽しみホテルライフを充分に満喫した。時を経てもなお、館内にはこうした優雅な雰囲気が漂い、シーリングファ

ンは、音もなく空気をかき回している。

内装はシックなアールデコ調。寝室の床はチーク材、浴室はモノトーンのタイルに猫足のバスタブと、フレンチコロニアルスタイルの条件を満たしている。ロビーや客室に散りばめられた、伝統的なクメールの装飾やアンコール遺跡のモチーフも節度を保ち、品よく調和している。

プールサイドには、クメール戦士の兜の形の東屋や、クメール風のマッサージが受けられる「ラッフルズ スパ」なども備えられている。

お洒落なランチボックスやワインを用意して専用の車で出かける遺跡ツアーや、アンコール朝時代の民族舞踊も楽しめるなど、遺跡観光にプラスアルファを期待するには、最高のホテルといえる。

▶ Mike's Eye
ドローン撮影はアングルが新鮮で面白くニーズもある。ただ最近は自由に撮影できる場所が減ってきて残念。ホテルの外観を撮っていたら、まだドローンを飛ばしてもいないのに、すぐに警官が来て、曰く「ここは、ドローン禁止」。私は既に有名人らしい。

> *The hotel shines with the proud solemnity of an imperial villa and courteous hospitality*

P88／ライトアップされた正面玄関。P89左／アイボリーの大理石がとりわけ美しいロビーには、ロートアイアン（鉄細工）が魅力の古い手動式エレベーターがある。P89上／熱帯植物の絵は、創業当時から存続する「エレファント バー」の装飾。2012年の改装時、バーは地階から1階へ移動して、この天井の装飾も一緒に移された。ここでは象の形のカップに入ったラムベースのカクテル「アイラーヴァタ」がお勧め。

Established in 1932, the hotel was opened for French sightseers on their way to Angkor Wat. The famous Raffles Hotel Group has been managing the hotel since 1997. The interior is chic Art Deco. Because its Cambodia cuisine is so delicious.

Siem Reap

Raffles Grand Hotel d'Angkor

P91上左／朝食＆カジュアルレストラン「カフェ アンコール」。P91上右／メインダイニング「ル グラン」の料理の味と質は定評がある。シハモニ国王もこの地を訪問する際には必ず食事をされるという。特に王室のレシピを生かしたクメール宮廷料理が自慢で、どの料理も食べやすい。P91下右／ラウンジ「ザ コンサバトリー」では、イギリス風またはカンボジア風の軽食や菓子が付いた２種のハイティーがオーダー可能。

The corridor with its checkered pattern is classic and excellent. Each room is elegantly harmonized with such antique furnishings as four poster beds.
The Cambodian cuisine served in the main dining room has a very good reputation. King Sihamoni usually takes dinner here, when he comes to Siem Reap.

Siem Reap

静謐なガーデンに囲まれた小さな隠れ家。
コロニアルとクメールのハーモニーを楽しんで。

Heritage Suites Hotel

ヘリテージ スイーツ ホテル

*A little hideaway surrounded by a peaceful garden.
The lovely architecture harmonizes Colonial and Khmer styles.*

　エントランスには、メルセデスベンツのビンテージカー。艶やかなトロピカルプラントが茂るガーデンを抜けて建物に入ると、吹き抜けの木造建築のスケールに度肝を抜かれる。そこは風通しのよいレストラン兼バーで、コロニアルとクメール建築が融合している。
　フレンチ風ファサードが美しい2階建て客室棟やヴィラ風のスイートルーム棟が、中庭を挟んで続いていて、敷地の広さに驚かされる。広々とした客室は白壁と木目を生かし、カンボジア特産のシルクやゴザ、牛革で作られた影絵など、クメール独自の意匠も施されている。
　禅寺をイメージしたアプローチの奥にスパがあり、蓮の花を贅沢に使ったフラワーバスや、伝統的なマッサージなどが受けられ、リフレッシュできる。

▶ **Mike's Eye**
シェムリアップにはアンコール遺跡観光用のホテルが数多くあるが、コロニアル様式は少なく、やっと見つけたのがここ。本館はオーナーが好んだプノンペンのフレンチヴィラが手本。

シェムリアップ川から1本路地に入った緑豊かな環境にあるホテルは、エントランスからは想像もできない奥行きのある敷地が広がる。部屋のカテゴリーはモダンな設えのクラシックルーム（コロニアルハウス内）6室と、3種類のスイートルーム20室。スイート全室にテラスが備わり、最低でも55㎡と贅沢な広さだ。2015年、「トリップアドバイザー」で賞を獲得したレストランのフュージョン料理も楽しみ。

You will be surprised at the scale of the atrium in this restaurant built of wood. While the entrance is smallish, the room is vast. The interiors of the villa style suite rooms is chic and comfortable. The spa provides various treatments such as flower baths of rich lotus blossoms, and traditional massages.

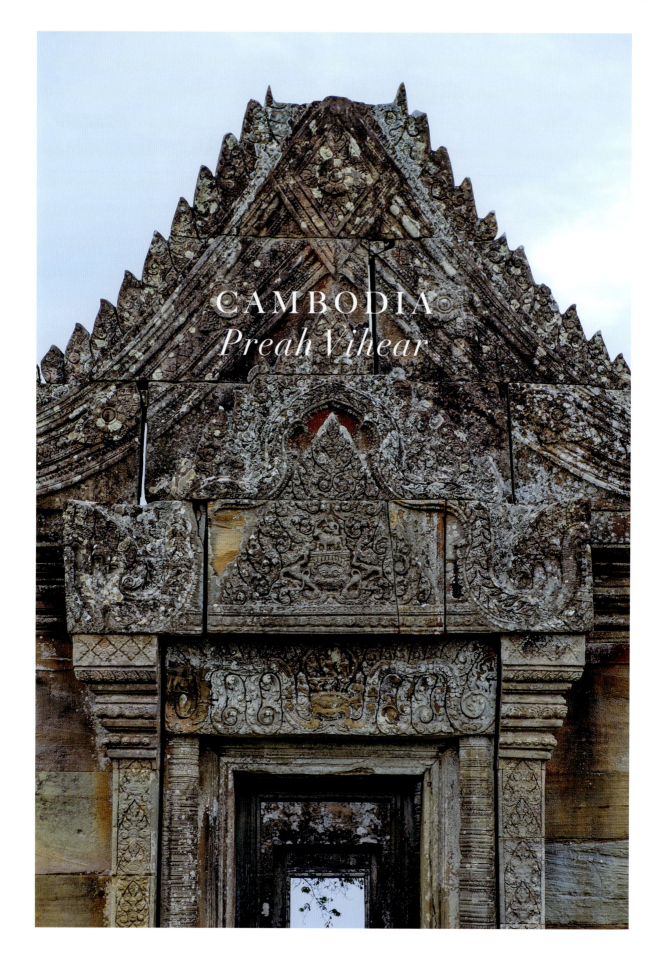

山の頂に忽然と姿を現す、緑に囲まれた神秘的な遺跡。

　プレアヴィヒアはクメール王朝時代の9世紀末に建築が始まった。もとはヒンドゥー教のシヴァ神を祀るために建てられた寺院だったが、後に仏教寺院の役割も担う。ゴプラ（楼門）と呼ばれる、2階建てで上部に屋根のついた門が5つあり、次のゴプラをくぐり抜けるまで先の建物が見えないように設計されている。アンコールワット同様、クメール王朝の遺跡で、同じ砂岩でできているが、アクセスの不便さも手伝って観光客数は10分の1ほど。神秘的雰囲気をゆっくり味わえる。

　寺院の近くまで4WDのジープで送ってくれるが、そこからはガタガタ道をバイクタクシーの後部に乗って運転手につかまって行くか、徒歩で行かなければならない。タイの国境に近いため、その所有権を巡ってつい最近まで争いがあったが、今はカンボジアの領土として認められ、2008年に世界遺産として登録された。

CAMBODIA
Battambang

カンボジアの地方都市で、今も公共施設や会社に使われているコロニアル建築。

　バッタンバンはプノンペンに次ぐカンボジア第二の都市。1795〜1907年までタイの領土だった街で、タイ国境まで車で約2時間半の距離にある。1907年、フランスはバッタンバンをタイから奪い、仏領インドシナ連邦に組み込んだ。第二次世界大戦中は再びタイに併合されたが、戦後、カンボジアが治めることになった。

　現在のバッタンバンは、フランス統治時代に整備された広い道路とコロニアル建築が多く残り、明るくのびやかな印象。観光地とは異なる、普段着の庶民の暮らしに触れられるという意味では、カンボジアでは貴重な街だ。周辺の見どころはワットプノンサンポーやワットエクプノン、ワットバナンなどの寺院や遺跡群。トンレサップ湖に通じるサンカー川のほとりに開けており、アンコール遺跡観光の拠点、シェムリアップへも3〜4時間ほどの船旅でアクセスできる。

Battambang

これほど完璧なフレンチコロニアルホテルが残っているという、
嬉しい驚きがあるホテル。

La Villa Battambang

ラ ヴィラ バッタンバン

Battambang

La Villa Battambang

> *A small yet surprisingly perfect French Colonial hotel. The owner of the hotel is Princess Marie, a princess of the Cambodian king's family.*

ちょっとよそ見をしていたら見逃しそうな小さな門の奥、細い通路の突き当たりに、個人の邸宅のように慎ましく構えているのが「ラ ヴィラ」だ。イメージ通り元は個人の邸宅で、一時はバッタンバンで手広く商売をしていた華僑の持ち物だったという。その名残か、ロビーの左手に黒塗りの木製の短冊がかかっていて、漢詩のような文字が記されている。

しかし、この一点を除けば、このホテルは完全なフレンチコロニアル様式である。ロビーに一番近い部屋の客室の扉は楕円形の開き戸で、とても珍しい。まるで『不思議の国のアリス』に登場しそうな可愛いらしさだ。円形の柱を埋め込み、黄色と白に塗り分けられた壁も非常に凝った造りだし、花柄をモチーフにしたタイル張りの床も面白い。

家具は木製でアンティークなものがセレクトされている。天井付けの扇風機や、アーチ型の長窓、フォーポスターにドレープの蚊帳付きベッドなど、どこを取っても完璧にインドシナと呼ばれた時代の雰囲気を守り続けている。客室は7室しかないが、一つとして同じ造りの部屋がないのも素晴らしい。

バッタンバンの街で、「美味しいフランス料理が食べられる店」を聞いたら、雑貨屋を経営しているフランス人が教えてくれたのが、このホテルのメインダイニングだった。だから、味は保証付き。また、ホテルの規模に比べて大きなプールがあり、ゆったりとくつろげる。

▶ **Mike's Eye**
撮影中、ホテルの現オーナーとして紹介されたのが、何と今の国王ノロドム・シハモニのご兄弟の妻であるマリー妃。早速、ツーショットの写真も撮らせていただいた。聞くところによると、またコロニアルヴィラを買って改装中とのこと。開業が楽しみだ。

P97／楕円形の開き戸が珍しい客室。ホテルには飼い猫がいて、のどかだ。P98上／広くて落ち着いた、完璧なコロニアルスタイルの客室。照明はちょっと暗い。P98下／夕暮れのダイニング。インドアとアウトドアの席がある。P99上／ダイニングに入る木彫のドア。P99下左／上の階の客室のバルコニー。P99下中央／プール。P99下右／カンボジアフードも選べるバラエティー豊かな朝食。

Although the hotel was once owned by an overseas Chinese merchant who was doing extensive business in Battambang, it is now managed by the wife of King Sihamoni's brother. There is a room with a cute ovalshaped door which is like the one from "Alice in Wonderland". All the carefully arranged furniture pieces here are antiques.

悠久の川の流れに、遠い日の歴史を振り返る古都の休日。

　ラオスは、インドシナ半島北部のメコン川中流域にある内陸国。ルアンパバーンは1353年、ラオスで初めての統一国家ラーンサーン王国の都となった。16世紀に都がヴィエンチャンに移された後も栄え、国王の庇護の下、ワットシェントーンやワットウィスナラートといった名刹が次々と建立され、仏教芸術が花開く。サッカリン通り界隈には仏教寺院が多く、毎朝、托鉢僧の姿が見られる。また、漆や金銀細工、繊細な織物文化なども根付いている。1995年、ルアンパバーンの旧市街地全体がユネスコ世界遺産に登録された。このヘリテージ地区は、メコン川とその支流カーン川に挟まれた細長い半島のような地形をしていて、中心は長さ約1.2km、幅300mほどの大きさである。端から端まで歩いても30分程度しかかからない。他のインドシナの国々とは違って、バイクの洪水もなく、街歩きをのんびりと楽しむことができる。

Luang Prabang
The Belle Rive Boutique Hotel

ルアンパバーンのヘリテージ地区の中でも、ケンコーン通り沿いの「ザ ベルリーヴ ブティック ホテル」と、その辺りの街並みは、なかなか風情がある。このホテルは、ラオコロニアル建築の3つの棟からなり、中央のブルーのフランス窓を持つ建物は1920年代に建てられた。
夕闇が忍び寄る頃、静寂が訪れ、川を行きかうボートのエンジン音や虫の音が響き、旅情に溢れる。

「美しい河畔」という名のホテルのテラスから
メコン川を眺め、素晴らしい時を過ごす。

The Belle Rive Boutique Hotel

ザ ベルリーヴ ブティック ホテル

> *A typical Lao Colonial style hotel named "Beautiful Riverside".*

　世界遺産のヘリテージ地区で最も静かなエリアがメコン川沿いのケンコーン通り。中でも川景色が美しいと評判なのが、「ザ ベルリーヴ ブティック ホテル」だ。

　青、緑、茶に塗り分けられた窓枠は、コントラストが印象的。真ん中の棟は1920年代に建てられた市長の公邸を改装したものだ。

　外階段の幅広の手すりには装飾が施され、館内は天井が高く、上質で厚い漆喰壁とアーチ型の梁が多用され、典型的なコロニアルスタイル。客室はフローリングの床にチーク材を使い、こげ茶色の窓枠や家具で統一されている。モノクロの少数民族の写真などがアクセントになっている。ゲスト同士で会話を楽しんでほしいというホテルのポリシーでテレビはない。上のカテゴリーの部屋には、ベッドエリアとリビングエリアにアーチ型の間仕切りで変化をつけ、独立した書斎のような快適なデスクスペースがあり、長期滞在して仕事をするにもよさそうだ。

　「心からのもてなし」をコンセプトにするホテルだけあって、メインダイニングなどは、パリの星付きレストランに引けを取らないマナー。ヨーロッパのゲストが多いのも納得できる。

　もっとラオスに親しんでほしいと、「街のカルチャーと建築史の散策」「滝とエレファントライド」など、数多くのツアーを用意。「サンセットリバークルーズ」なども開催している。

▶ **Mike's Eye**
最初に宿泊した時は、取材ではなく一般客として泊まったが、2泊目にデラックススイートにアップグレードしてくれた。粋な計らいだ。空港送迎もしてくれる。オーナーはサービス精神に富み、その教育がスタッフにも浸透している。皆、シャイだが温かい対応。

このホテルは、2009年の創業以来、有名ホテル予約サイトで常に宿泊客の満足度1位か2位にランクインされている。朝食は道を隔てたメコン川沿いの「ベルリーヴ テラス」で。滔々と流れるメコン川と、対岸の山々を眺め、川風を感じながら、時間をかけて朝食を楽しむ。アラカルトも豊富なメニューで嬉しい。街で一番のベーカリーから、毎朝届けられるというバゲットやクロワッサンも美味。

The hotel stands in the nostalgic historical district. It is consists of 3 villas with window frames color-coded blue, green and brown for each villa. You can enjoy a wonderful view from the terrace looking down upon the Mekong River. The concept of the hotel is "hospitality from the heart". Many guests from Europe stay here.

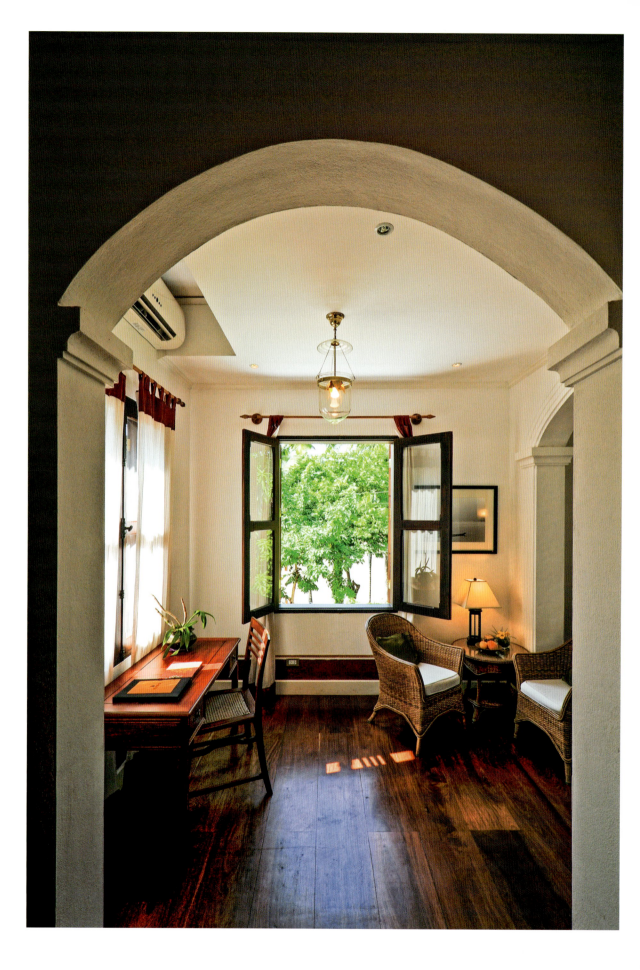

Luang Prabang

The Belle Rive Boutique Hotel

P106、P107上／快適で落ち着くスーペリアルーム。ベッドはクッションの硬さがちょうどよく、最高の寝心地。テーブルにはラオスで古くから雨乞いの時に使われていた銅製のドラムを使用している。フレンチテイストの内装にアジアの意匠をうまく取り入れている。P107下左／オープンカフェ。

The hotel has been ranked in the top 1 or 2 for customer satisfaction on popular hotel internet booking sites since its foundation in 2009.

Luang Prabang

王室ファミリーゆかりの宿で、
川岸に群生する椰子の景色も堪能。

Victoria Xiengthong Palace

ヴィクトリア シェントン パレス

" *A hotel with its origins in the Royal Family.
Enjoy a great landscape with palm trees along the riverside.*

　世界遺産ルアンパバーンのヘリテージ地区で最も壮麗な寺院ワットシェントン。その隣に建ち、街歩きに便利な立地にあるのが、「ヴィクトリア シェントン パレス」だ。敷地内にはレストランを含め9つの客室棟があり、そのうち3つはラオス最後の国王サワーン・ワッタナー（在位1959-1975年）の別荘だった。
　ラオスには、フランス建築様式とラオスの伝統家屋を融合させ、高温多湿の風土でも涼しく過ごせるよう工夫された「ラオコロニアル」とも称される建物が多い。ここも、その典型の建築だ。客室は、ベッドの枕もとの壁いっぱいに、近くに住む少数民族たちの手織り布パコモーンをディスプレイ。タイル張りで広々とした浴室は、窓も大きく、開放的で気持ちがいい。

▶ Mike's Eye
客室内のタペストリー、家具やカーテン、シーツのコットンなど、全てラオス産にこだわる。26室ある全室で、ビール2本を含むミニバーが無料となるサービスも嬉しい限り。

インドシナ半島で魅力的なコロニアルホテルを展開するヴィクトリアグループ自慢のホテルで、2011年に開業。客室は白とこげ茶の内装に、アースカラーの涼しげなラオモチーフが散りばめられ、居心地は抜群。清潔感に溢れ、日本人リピーターが多いことでも知られる。手入れされた中庭や、道を隔てたメコン川沿いに群生する椰子はとりわけ美しく、レストランからの川景色も人気が高い。

This French Colonial hotel operated by the Victoria Group was once the last king of Lao's villa. The typical Lao Colonial style architecture which is French style was improved using a traditional Lao house style that is better suited to the hot and humid climate. The building has high ceilings, huge windows and wood louvers. The hotel is also convenient for sightseeing.

Luang Prabang

バラエティーに富むランドスケープと
究極のラオコロニアルハウスを楽しむ。

Satri House Secret Retreats
サトリ ハウス シークレット リトリーツ

歴史地区の観光エリアから南へ徒歩10分。閑静な住宅街の中、睡蓮池のほとりに佇む「サトリ ハウス」は、リトリート（隠れ家）と呼ぶにふさわしい。サトリとは、ラオス語で女性を意味する。

ルアンパバーン王国（P117参照）の王子スパーヌウォン（初代ラオス人民民主共和国主席）も住んでいた1904年築の館を改装し、2002年に開業した。2008年に敷地を拡張し、31室のユニークなブティックホテルになって現在に至る。スパーヌウォンが暮らした旧館1階には、サロンが往時のままの姿で残されていて、ラオコロニアル建築の細部を見学できる。

2階の「サトリ ハウス スイート」の寝室は、チーク材の床、木枠のフランス窓、アンティークの木製家具や仏像などが配され、クラシックな内装。それに比べて、緑のタイル張りの浴室はモダンで、レインシャワーの設備もあって使いやすい。

他のカテゴリーの客室は、パステルトーンの壁など、フレンチコロニアルのテイストを採用。明るい印象だ。

ルアンパバーンの街には、およそ7種類の建築様式が混在している。多くは、フランス建築とラオス伝統建築が融合したラオコロニアルだが、竹製の格子の壁などを使用した半木造建築や、公的機関で多用されたラオス独特のコロニアル政府建築、華僑が持ち込んだショップハウスなどもある。このホテルでは、それらの折衷スタイルのいくつかを見ることができる。実に貴重なコロニアルホテルだ。

> *The ultimate Lao Colonial boutique hotel.*
> *Enjoy the delightful coexistence of a mysterious ancient atmosphere along with every modern convenience.*

▶ **Mike's Eye**
小規模のコロニアルホテルで、昔の建物や内装を保ちながら設備は今風というホテルはなかなかないが、ここはそれを満たしている。ミセス・マムという生き字引のような女性がいて、いろいろ話を聞けた。鳥籠などのラオスらしいモチーフが上手く使われている。

P110、P111上／熱帯ガーデンに囲まれて、コロニアル建築の客室棟が7棟建つ。広々とした芝生の中庭にはデッキチェアが配され、その上にはゲスト用の麦わら帽も用意されていてリゾート気分が高まる。2つのプールとスパ、フレンチコロニアル建築のレストランなど設備も充実。客室からの景色、また敷地内を移動する間に目にする景観は、どこもフォトジェニック。P111下／ジュニアスイートの客室。

The residence of the former prince of the Luang Prabang kingdom has been renovated into a boutique hotel. It is 10 minutes from the historical district. You can find the quintessence of Lao Colonial in the saloon, left as it used to be in the old days. While retaining the charm of its traditional-style building and interior, the equipment is up-to-date and modern.

Luang Prabang
Satri House Secret Retreats

P112上右、下右／館内は中国人女性オーナーの影響か、シノワテイストとラオコロニアルが溶け合い、独自のエキゾチシズムが漂う。P112下左／天井が高くて気持ちのいいフレンチコロニアルのダイニング。P113／レセプション近くのラッゲージルームから見る睡蓮池。大胆な花瓶のデザインにカットされた壁がユニークだ。日没後、柔らかな光でライトアップされたホテルは、とても優美。

Luang Prabang

旧ロイヤルファミリーの上質な館で
パーソナルなおもてなしに感動。

Villa Maly Luang Prabang Boutique Hotel

ヴィラ マリー ルアンパバーン ブティック ホテル

*❝ Exquisite mansion of the former Royal Family.
You will be touched by their warm and personalized service.*

　ルアンパバーン市街地のチャオファーグム大通りから一歩路地に入ると、ラオコロニアル建築の建物を改装したプチホテルが点在する。とりわけ、小さな噴水のある瀟洒なファサードと艶やかな熱帯樹ガーデンの美しさに魅了されるのが「ヴィラ マリー」。1938年に建てられたバンタマリー王女所有の家屋を改装し、フランスとイギリスの要素をブレンドさせたアールデコスタイルのホテルだ。円柱が際立つロビーは、ヨーロッパ風の調度品が設えられ高級感に溢れる。

　全33室の客室は、それぞれピンク、グリーン、パープル、ブルーのイメージカラーに彩られている。寄せ木細工の床、天蓋付きベッドやマホガニーの戸棚、浴室には壺型シンクなど、ディテールまで吟味され、可愛らしくまとまっている。

▶ **Mike's Eye**
旧インドシナ3国の中でも、ラオスはワインセラーも多く、値段もフランス並み。「ヴィラ マリー」のこぢんまりしたバーで、ワイングラスを傾けると、ここがラオスかプロヴァンスか混乱する。

P114上／スーペリアの客室。プールビューかガーデンビューを選べる。P114下／中庭のデザインはフランス人ボタニカルガーデンデザイナー、リック氏が担当。15m×7mのプールがあり、底が縞模様になっている。デッキチェアから望むラオコロニアル建築物と椰子の木の景観も楽しい。チェックイン時にロビーでサーブされる2種のウェルカムドリンクとバナナチップス等の盛り付けもオリジナリティに溢れている。

This petit hotel was renovated from the Royal Family house. The building is Art Deco style with a blend of British taste. All 33 guest rooms are chic and cool, each with its own color scheme and with every detail carefully considered. You can enjoy drinking wine at the bar here. You might feel there as if you were in Paris.

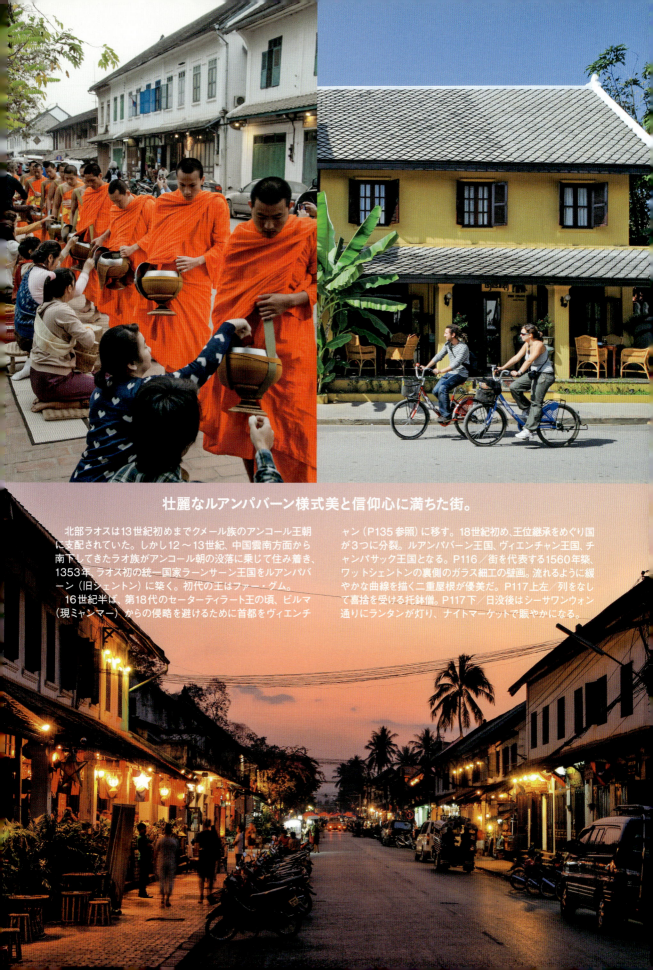

壮麗なルアンパバーン様式美と信仰心に満ちた街。

　北部ラオスは13世紀初めまでクメール族のアンコール王朝に支配されていた。しかし12〜13世紀、中国雲南方面から南下してきたラオ族がアンコール朝の没落に乗じて住み着き、1353年、ラオス初の統一国家ラーンサーン王国をルアンパバーン（旧シェントン）に築く。初代の王はファー・グム。
　16世紀半ば、第18代のセーターティラート王の頃、ビルマ（現ミャンマー）からの侵略を避けるために首都をヴィエンチャン（P135参照）に移す。18世紀初め、王位継承をめぐり国が3つに分裂。ルアンパバーン王国、ヴィエンチャン王国、チャンパサック王国となる。P116／街を代表する1560年築、ワットシェントンの裏側のガラス細工の壁画。流れるように緩やかな曲線を描く二重屋根が優美だ。P117上左／列をなして喜捨を受ける托鉢僧。P117下／日没後はシーサワンウォン通りにランタンが灯り、ナイトマーケットで賑やかになる。

Luang Prabang

スピリチュアルな空気に包まれて
本来の自分を見つめ直すアマンの休日。

Amantaka
アマンタカ

清らかな空間で、風、雨音、虫の音、鳥の囀りに耳を傾け、土地の人々の暮らしを肌で感じてほしい——これが「アマンタカ」のリゾートコンセプト。1914年から2000年まで政府関連施設だった建物を2年かけて改装し、2009年10月、ルアンパバーン市街地の中心にラオスで初めてのアマンがオープンした。

大樹が影を落とす正面玄関からロビーに入ると、3m以上はありそうな高い天井から、シーリングファンが音もなく風を送っている。白壁に籐の長椅子、オリーブグリーンの格子窓……いつか映画で見た仏領インドシナ時代の世界が、目の前に広がる。

ロビーから続くライブラリーを出ると、平屋の客室棟が、フランス式庭園とプー

ルを囲んで建っている。青空がいっぱいに広がる芝生の庭は静寂に満ちている。

客室にテレビはない。内装はシンプルで静謐な印象。天蓋付きベッド、南洋材を使った白木の家具や調度品など、洗練の極みといえる。

ホテルには土地の伝統・歴史に詳しい文化アドバイザー、チャオ氏が常駐する。望めばロイヤルアートのレクチャーを受けたり、早朝にホテルの玄関前でチャオ氏とともに托鉢僧への喜捨もできる。その時に用意された聖水の残りを、樹木の根に降りかけ祈りを捧げる。生きとし生けるものへの感謝を忘れない、慎み深いラオスの人々に倣って……。普通の旅では決して味わえない、古都ルアンパバーンならではの特別な体験。

▶ Mike's Eye
建設時、ラオスの伝統的な瓦を80万枚も使用したそうだが、結局、国内だけでは調達できず、タイに発注したという。ライブラリーには、ラオスの王家に関する本がいろいろ並んでいた。さすが、アマン。朝食のフレンチトーストは美味だった。

> *A resort hotel operated by Aman. Filled with a spiritual atmosphere.*

P118／「プール スイート」のリビングはシンプリシティを極めた上質な空間。全室スイートで一番下のカテゴリーでも中庭を含め159㎡。敷地は王室がフランスに寄付した土地だった。改装に際してはユネスコ世界遺産の厳しい規格を守り、材木や床のタイル、色、デザインなどできる限りオリジナルを再現。P119左／全館が白とオリーブグリーン、木のナチュラルカラーで統一されフラワーアレンジが色を添える。

Aman has remodeled the building close to its original form following strict guidelines for a UNESCO World Heritage Site. Although it is located in the center of the city, the vast garden and guest rooms are filled with silence. The interiors for each guest room are the height of sophistication and refinement.

Luang Prabang
Amantaka

P120／仏＆ラオ建築が融合したラオコロニアルスタイルの廊下。欄干のクロスデザインなど細部にも注目したい。P121上／ブルータイルのプールは開放感に溢れ、昔の樹木を一本も切らずに生かした中庭に癒される。母屋の二重屋根や客室棟の高床は、屋内の風通しをよくするための工夫。

The buildings are unified throughout with white, olive green and natural wood-brown colors. The pool within untrimmed trees is comfortable and natural.

Luang Prabang

王妃の住まいだったヴィラホテルで
ラオコロニアル建築の細部に触れる。

Villa Santi Hotel

ヴィラ サンティ ホテル

The Lao Colonial style villa hotel;
where the Queen used to live.

　シーサワンウォン王の妻サンティ王妃の邸宅だったコロニアルヴィラを生かしたホテル。ルアンパバーン歴史地区のサッカリン通りに面し、さまざまなラオコロニアルのショップハウスが軒を連ねる中、ここの上品な佇まいは目を引く。

　周辺にまだホテルが少なかった1992年に、わずか6部屋で開業。増築や改装を重ね、2004年に現在の姿になった。

　建物は、コロニアル様式に伝統的なラオス建築の装飾が加わったラオコロニアルスタイル。外観・内観とも19世紀のディテールを見事に再現している。暑さを和らげるため全館バルコニーを広く取ったベランダスタイルを採用。また、長窓の上部には、伝統的なラオスの花柄の透かし彫りを施して通気性をよくしている。清潔感に溢れ、スタッフの対応もよい。

▶ **Mike's Eye**
この辺でよく採れるクレソンのスープ、グリルドチキン、野菜の付け合わせ、もち米など、食事は美味しくサービスも細やか。托鉢僧の訪問もあり、見物客も多かった。

P122／本館ロビーのベンチレーションの透かし彫り。向かいの窓にも異なる細密な彫り模様が。現在は、裏道を隔てた斜め向かいの建物も客室棟となっており、全20室を有する。P123下左／客室はチーク材を床に使い、クリームイエローを基調としたシックなクラシックスタイル。中庭には象のオブジェが愛らしい小さなプールも備わる。P123下右／2階はルアンパバーンの伝統料理がいただけるメインレストラン。

Renovated from the residence of Queen Santi, wife of King Sisavang Vong, the hotel brilliantly reproduces details of the 19th century in both its exterior and interior. Although it is old, the staff keep everything looking fresh and clean. The traditional dishes served in the main restaurant are delicious.

このホテルではラオコロニアル建築と、伝統的な高床式のラオス家屋の両方が堪能できる。写真はレセプションに隣接する、総チーク造りの「ル スパ」のエントランスルーム。仏教寺院の連子窓を模した透かし彫りが印象的。ここでは珍しいオリジナルのラオス式マッサージを用意している。

ドラマチックな景観やプールのデザイン、わが家のように過ごせるアットホームな宿。

Sofitel Luang Prabang

ソフィテル ルアンパバーン

> *A luxurious hotel where you can also feel at home.*
> *Enjoy its dramatic scenery and design.*

　ラオスがインドシナ連邦になって以降、ルアンパバーンにもフレンチコロニアルの政府関連施設などが次々と建設された。このホテルの前身である警察署も、1900年に建てられた。2009年から大改装が行われ、2010年に開業。さらに改装を重ねて、2014年には全室スイートの高級リゾートにグレードアップされた。

　ここはランドスケープが面白い。正面玄関前には象のモニュメント。レセプションの建物は典型的なラオス家屋で、夜はランタンに照らされしっとりとした風情がある。チェックイン後は庭の一角にあるスピリットハウス（祠）で一礼を。タイにもある習慣で、ラオスがかつてランナー王朝時代のタイと関係が深かったことを感じさせ興味深い。小高い塀に囲まれたアプローチを下って客室棟へ。白いラオコロニアル様式の平屋造りが、プールと睡蓮池、フランス式のトロピカルガーデンをコの字に囲み、各客室はアーチ型の涼み廊下（回廊）で繋がっている。

　客室に一歩入った途端、その開放感に驚かされる。4m以上の高い天井に、優美なドレープの天蓋ベッドと、仏教寺院の連子窓を模した長い柄のベッドサイドランプ。ラオス伝統の緻密なシルクタペストリーにも目を奪われる。また、「ヘリテージ スイート」には浴室と寝室の間に広いクローゼットとミニバーがあり、使い勝手がよい。広々とした空間が、ここまで気持ちを和ませることに感動すら覚える。

▶ **Mike's Eye**
同じ系列のホテルも多いが、ここは一段と個性的。グリーンタイルと、こげ茶や金をうまく使ったプールが面白い。部屋の裏側の浴室横の東屋には、椅子とクッションが置いてあり、その心遣いがにくい。スパ、レストランともレベルが高い。

P126上左／ドアから数歩でメインプールにアクセスできる客室もあり、まるでプライベートプールのよう。P126下／朝食はセミオープンエアの「ガバナーズ グリル」で。契約農家から届く新鮮な素材で、ヘルスコンシャスな料理を提供している。バッファローのカルパッチョも美味。P127上／全客室に小さなプライベートガーデンと、東屋＆バスタブが備わり、わが家のように居心地がいい。

After many renovations, this former police station built in 1900 was ultimately upgraded to a high quality resort hotel with all guest rooms available as suites. The white Lao Colonial style one-story-building surrounds a pool, water lily pond, and tropical garden. The ceilings in the guest rooms are as high as 4 meters and give you an astounding feeling of freedom.

Luang Prabang

国民の父ペッサラートが愛した別邸跡。
歴史を振り返り、メコンの雄大さに触れる。

The Grand Luang Prabang Hotel & Resort

ザ グランド ルアンパバーン ホテル アンド リゾート

> *The hotel was built to take advantage of the beloved vast gardens of this former villa of Phetsarath, praised as "Father of the Nation".*

　第二次世界大戦中、一時日本が進駐していたルアンパバーン王国で、対日折衝に当たったのが当時のペッサラート・ラッタナウォンサ首相。戦後ラオスは独立を果たすが、旧体制を維持しようと画策するフランスに対し、彼は抗仏運動ラオ・イサラを組織して失敗、タイへ亡命する。

　1957年に帰国した後、ラオスの副王に復帰し、教育、行政、司法制度の整備に尽力し「国民の父」と慕われた。今も庶民の家で肖像画を見かける。

　生前ペッサラートは、ヴィエンチャンの公邸よりもルアンパバーンの中心から車で西へ15分の、シェンケオ村の別邸にいることが多かった。植生が素晴らしい広大な庭園を生かして、2001年、「ザ グランド ルアンパバーン」が開業した。梁と柱、タイル張りの床が、典型的なコロニアル様式の格調高いロビーでは、スタッフが静かに客を迎えてくれる。

　客室は8棟に分かれていて、白壁に樺色の屋根を載せたラオコロニアル風。各棟を繋ぐ渡り廊下のまわりには、池が作られ水蓮の花が彩りを添えている。

　ルームカテゴリーは4つ。全室にバルコニーがあり、エアコンや網戸も完備し、ベッドの硬さも程よく、清掃も完璧で気持ちがいい。パステルトーンに統一された室内は、上品でくつろげる。

　レストランからは、豊かな水を湛えた壮大なメコン川と、対岸の山々に落ちる夕日を満喫できる。

▶ Mike's Eye
副王ペッサラートの旧住居はホテルの敷地内にあり、現在は博物館になっていて希望者は見学できる。展示品は多くないが、幾多の内戦、空爆などにも破壊されず、ペッサラートという名を冠して保存されていること自体が感動だ。彼の人望の厚さが偲ばれる。

P128／自然光もたくさん入るコロニアル様式のロビー。2016年7月現在、壁は赤茶色に塗られ少し印象が違っている。開放感のあるプールや咲き乱れるハイビスカス、若草色の芝生、客室棟の樺色の屋根など、色のコントラストが目を楽しませてくれる。庭は画一的でなく、さまざまな熱帯植物が茂り、散策に飽きることはない。ルアンパバーンの中心街へはシャトルバスが運行しているので、不便は感じない。

The hotel is in a small village 15 minutes by car from the center of Luang Prabang. The interior with its pastel tones is elegant and comfortable. The former residence of Phetsarath stands within the hotel premises and is now a museum. You can fully enjoy a view of the beautiful water of the Mekong, along with the sun setting over the mountains on the opposite shore of the river.

Luang Prabang
The Grand Luang Prabang Hotel & Resort

P130上右／外から見たロビー。鎧戸付きのドアが珍しい。P130上左／オリーブ色のフランス窓から見える艶やかな植物に何度も目を奪われる。P130下右／リバーフロントの角部屋、「メコンデラックス」の室内。P131上右／レストラン「ル ビストロ」。P131下／メインダイニングの「シェンケオ」はメコン川のすぐそばにあり、朝食はここでとる。時々、投網を打つ漁師の姿を見ることができる。

Luang Prabang

ラオハウスからラオコロニアル建築へ、
3つの建物から貴重な変遷期の移り変わりが見える。

3 Nagas Luang Prabang-MGallery by Sofitel

スリー ナーガス ルアンパバーン-Mギャラリー by ソフィテル

❝ *A hotel where you can experience the mixed history of an old style Lao house and Colonial architecture.*

　泉や井戸の守護神ナーガ（蛇神）の名を冠したブティックホテル。世界遺産ヘリテージ地区のサッカリン通りを挟んで、3つの建物に分かれている。
　最も古いのが石造りの階段を備えた客室棟で、本体はほぼ木造のラオハウス。ラオス料理レストランが入った客室棟は、木組みの梁で高い天井を支え、レンガとモルタルを使ったラオコロニアル建築。白塗りレンガの壁に赤いルーバーウィンドウが鮮やかなカフェは、比較的新しいラオコロニアル。木材を多く使っていた初期のラオハウスから、コロニアルへと変わりゆく様子を比較観察すると面白い。
　客室内は、モルタルの壁にチーク材の梁や柱、テラコッタタイルの床（一部）、ローズウッドのデスクやドレッサーが設えられ、上品にまとまっている。

▶ Mike's Eye
このホテルはサッカリン通りに面している。サッカリンといえば、日本では戦後、砂糖の代用品だったものを思い浮かべるが、ラオスではルアンパバーン王国の王サッカリンが由来。

ホテルの創業は2006年。P132上／王室御用達のジェラートでも有名なカフェレストラン。P132下／オープンエアのラオス料理店。3つのコースメニューも用意されている。P133上、下右／玄関に石造り階段の付いた古いラオハウス風建物。ピカピカに磨かれたチークの床に年代を感じる。廊下から屋根裏を見ると、棟木や垂木、母屋などの構造がよくわかる。P133下左／ラオス料理店1階奥にある客室。

This boutique hotel was named after the snake god Naga, a guardian for springs and wells. It is interesting to see the contrast between the classic wooden Lao house and the Lao Colonial house with brick, mortar and louver. The guest rooms are a delightful mixture of mortared walls, tiled floors and teak beams and columns.

LAOS
Viang Chan

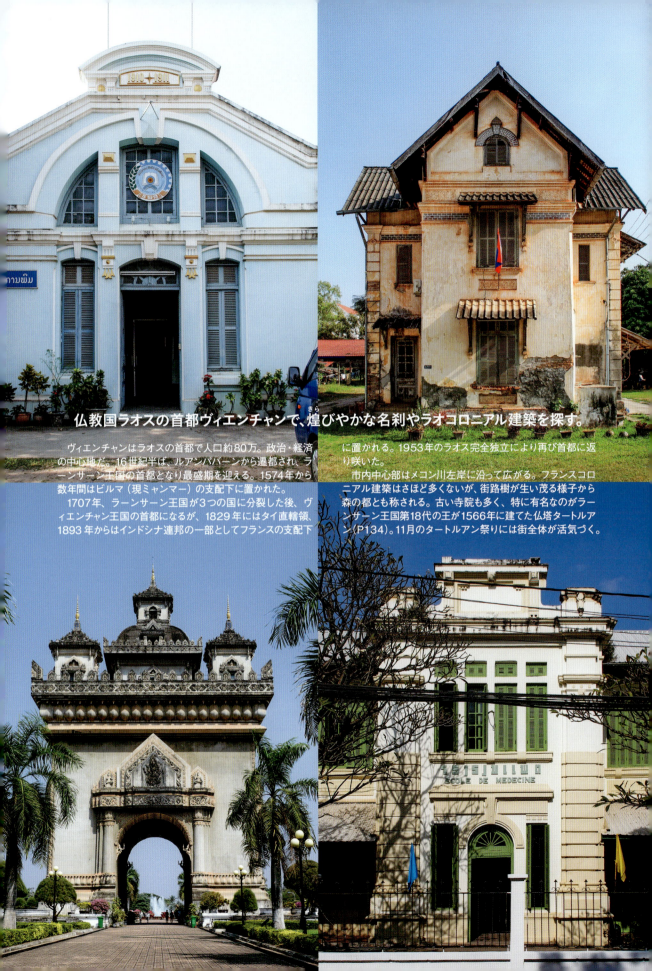

仏教国ラオスの首都ヴィエンチャンで、煌びやかな名刹やラオコロニアル建築を探す。

ヴィエンチャンはラオスの首都で人口約80万。政治・経済の中心地だ。16世紀半ば、ルアンパバーンから遷都され、ラーンサーン王国の首都となり最盛期を迎える。1574年から数年間はビルマ（現ミャンマー）の支配下に置かれた。1707年、ラーンサーン王国が3つの国に分裂した後、ヴィエンチャン王国の首都になるが、1829年にはタイ直轄領、1893年からはインドシナ連邦の一部としてフランスの支配下に置かれる。1953年のラオス完全独立により再び首都に返り咲いた。

市内中心部はメコン川左岸に沿って広がる。フランスコロニアル建築はさほど多くないが、街路樹が生い茂る様子から森の都とも称される。古い寺院も多く、特に有名なのがラーンサーン王国第18代の王が1566年に建てた仏塔タートルアン（P.134）。11月のタートルアン祭りには街全体が活気づく。

Viang Chan

ラオス最古のフレンチコロニアルホテル。
品格の感じられる内装は、王族の別荘のよう。

Settha Palace Hotel

セタ パレス ホテル

*" The oldest French Colonial hotel in Laos.
The interior possesses the dignity of an imperial villa.*

1932年創業以来、幾多の困難を越えて営業を続けていたが、1975年ラオス人民革命党の無血革命以後、国有化され荒廃。鶏やアヒルが廊下を歩き回っていた時代もあった。現オーナーのフランス系ラオス人、ビリー・セアダス氏が大改装を行い、1999年、見事に甦った。

ロビーと同じく客室内にも4mの高い天井と3mの本格的フランス窓がある。ツーポスターベッドやクラシックな椅子、ラオス特産の紫檀の組み木の床も、全てが本物志向。ラオスには数少ないフレンチコロニアルホテルといえる。

陽が西へ傾く頃、バー「ラ ベル エポック」で飲むラオブラックビールは、その昔シャム（現タイ）との戦禍で消滅したヴィエンチャン王国に思いを馳せるには充分過ぎるシチュエーション。

▶ Mike's Eye
12年ぶりの再訪だがホテルの状態は極めて良く、レセプションも親切。メインダイニングの「ラ ベル エポック」は仏料理が美味。シェフや支配人など主要ポストは全てフランス人。

P136 上／ヴィエンチャンの中心部に位置しているが緑豊か。裏庭には曲線を描く美しいプールがある。P136 下／スタンダードルームでも35㎡と広く、寝具は軽く薄い羽毛で寝心地がよい。冷房は効いているが、パブリックな場所にはコロニアルホテルの定番、シーリングファンが回る。P137 下左／ライトアップされたファサード。P137 下右／メインダイニングの「ラ ベル エポック」ではフランス料理がお勧め。

Since its establishment in 1932, the hotel has overcome much adversity. Although it was dilapidated and completely run-down at one time, the current French-Lao owner decided to renovate the hotel in its entirety. There are 5-meter high ceilings and real French windows in the guest rooms. Everything here, including the furnishings, is genuine and authentic.

LAOS
Paxse

ラオスのディープサウス、チャンパサックと2000の島々。

　パクセは人口10万、ラオスで三番目に大きな街だ。1905年以降、インドシナ総督府の行政の要として南部ラオスのメコン川左岸に発展した。市中にはフランス植民地時代の建物も多く残り、街歩きは楽しい。特にセドン川近くの「チャンパサック パレス」は、建築中の王宮を1975年の無血革命で国有化後、3つ星ホテルに改装したもの（P138下右）。コロニアル建築ではないが訪れる価値がある。フランスから伝わったコーヒー栽培は、ボーラウェン高原を中心に定着し、ラオスの外貨獲得に貢献している。近年パクセを起点にメコン川下流域のツアーが脚光を浴び始めた。クメールの古い遺跡で世産遺産のワットプーや、チャンパサック以南のメコン川の景観（2000の美しい中州）、カンボジア国境近くの滝が注目され、ツアーもあるからだ。このエリアは、まだ観光開発が進まず、無垢の自然が残る。パクセのメコン探訪は今が狙い目だ。

コロニアル風の内装に、
山岳民族のテキスタイルが映えるプチホテル。

Residence Sisouk

レジデンス シソウク

政情不安だった母国を1975年に逃れて以来、20年近くパリで暮らしたラオス人男性が、1994年に帰国してコーヒー農園を始め、成功した。やがて、1950年築のフレンチコロニアル様式の5階建てビルを改装して2010年にホテルをオープン。今はパリ育ちの息子が、この「レジデンス シソウク」を仕切っている。

ホテルの外観は、白く塗られた木枠のバルコニーぐらいしかコロニアルの名残がない。しかし部屋や廊下は、コロニアルな内装に、ラオスの民族織物が絶妙にマッチして居心地のいい空間となっている。タイに特注した小さな手動式エレベーターも、クラシカルな趣に一役買っている。部屋のテラスの鉢植えも見事だ。

一番のお勧めは1階の「カフェ シノウク」、そして最上階のラウンジバー「セドン テラス」。豊富なフランスワインや食事の質は、ラオス南部では特筆すべきもの。朝食に供されるクロワッサンも、本場パリのレベル。ヨーロッパからのリピーターが多いのもうなずける。

▶ **Mike's Eye**
1階にある人気の「カフェ シノウク」では、たった一杯のコーヒーも、パリの有名カフェのようにタブルソーサーでサーブされた。嬉しい驚きだった。聞けば、その香りはボーラウェン高原にある自営農園のプロダクト。

> *A comfortable petit hotel with a Colonial style interior.*
> *You can enjoy breakfasts and dinners here*
> *that compare quite favorably with authentic French cuisine in Paris.*

P140／エスニックなベッドライナーがアクセントのスーペリアルームは、広いバルコニーから整った街並みとセドン川やメコン川がよく見える。P141 上、下右／1階にはレセプションとカフェがあり、香り高いラオコーヒーとパンが美味。コーヒー豆は、パクセの東のボーラウェン高原に所有する農園で栽培している。P141 下左／5階のラウンジバー「セドン テラス」では、質の高いフレンチディナーを楽しめる。

A comfortable space has been created with a Colonial interior and Lao traditional textiles. There are many repeat guests from Europe, who seem to enjoy the tasty drinks and food such as coffee and croissants at the café on the grand floor, and wine and French cuisine at the lounge bar on the top floor.

LAOS
Wat Phou

アンコールワットより古い、ラオスのクメール遺跡群。

　パクセから車で2時間、メコン川右岸に沿って佇むのがチャンパサック。ワットプーは、5世紀頃この街の南東8キロほどにある山、プーカオの麓に建てられたアニミズム（精霊信仰）の祠が始まりとされる。9世紀頃、クメール人の侵入を受け、ヒンドゥーの神殿として拡大しシヴァ神が祀られた。13世紀頃、ルアンパバーンのラーンサーン王国時代、ラオ族がクメール勢力を一掃。徐々に神聖な仏教寺院として信仰されていった。ワットプーでまず目に飛び込むのは、宮殿の朽ち果てた遺跡群。同時期の建築なのか、プレアヴィヒア寺院（P95参照）に酷似している。次に現れるのは、リンガ（シヴァ神を象徴する男性器）の石柱が両脇に並ぶ石畳の参道。そして丘の上の祠堂や岩に刻まれた像、ワニのレリーフ。不思議なことにワットプー、プレアヴィヒア、アンコールワットのクメール遺跡群は、地図に直線を引くと、その上に重なる。

ベトナム、カンボジア、ラオスへのアクセスは、ベトナム航空がとても便利です。

　ベトナム航空は、世界29都市と国内21都市をカバーするベトナム最大の航空会社です。日本では、東京（成田、羽田）、大阪、名古屋、福岡の4都市からはハノイ、ホーチミンへ、また成田からはダナンへの直行便を運航しており、カンボジア、ラオスへの乗り継ぎもとても便利です。

中距離路線ながらフルフラットシートが導入されたB787-9のビジネスクラスでは、ゆったりとした心地よい空間だけではなく、ベトナムの老舗陶磁器メーカー「ミンロン」の食器で供される機内食も魅力の一つです。長距離路線並みの充実したコース料理の後にはデザートのワゴンサービスやベトナムコーヒー、蓮から作られるロータスティーなどをお楽しみいただけます。

Access

ベトナム航空は、スカイチームに加盟して世界1000都市以上を結んでいます。

　客室内では、ベトナム航空ならではの優しい心遣いで、お一人お一人に喜んでいただけるサービスをご提供しています。また、成田⇄ハノイ、成田⇄ホーチミン間は、ボーイング787-9の機材が導入されました。ビジネスクラスは、フルフラットのより快適なシートで、旅の疲れもなく、到着後すぐにフル活動していただけます。

　ベトナムの各都市へは、約4時間20分〜6時間。週末プラス1日ぐらいでも気軽に出かけられます。遺跡も街も見どころが満載。グレードの高いホテル、エステ、日本人の好みの食事など、期待以上です。

　また、カンボジアやラオスに足を伸ばすにも、ハノイまたはホーチミンから毎日複数のフライトがあるので便利です。

　もちろん、スカイチームのメンバーなので、一気にヨーロッパまでも飛べます。

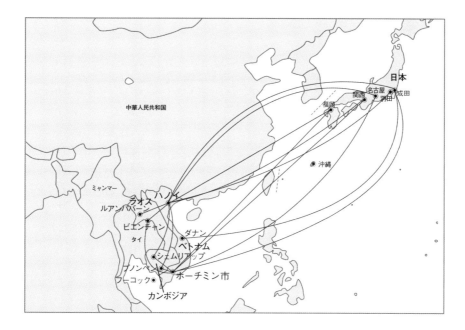

羽田―ハノイ間　週7便（毎日）
成田―ハノイ間　週7便（毎日）＋JLコードシェア7便
成田―ダナン間　週5便（火水木土日）〜2016年10月2日は週7便、毎日運航
成田―ホーチミン間　週12便（毎日）〜2016年9月30日は週14便＋JLコードシェア7便
関空―ハノイ間　週7便（毎日）
関空―ホーチミン間　週7便（毎日）
名古屋―ハノイ間　週7便（毎日）
名古屋―ホーチミン間　週4便（火木土日）
福岡―ハノイ間　週2便（火土）2016年8月1日〜10月30日は週4便
福岡―ホーチミン　週2便（木日）
※自社便のみ：計60便（2016年8月1日〜66便、10月1日〜64便、10月3日〜62便）
※＋共同運航便：計74便（2016年8月1日〜80便、10月1日〜78便、10月3日〜76便）

ハノイ―シェムリアップ間　毎日3便
ハノイ―プノンペン間　水金日2便、月火土1便
ホーチミン―シェムリアップ間　毎日6便
ホーチミン―プノンペン間　毎日4便
ハノイ―ルアンパバーン間　火木金日2便、月水土1便
ハノイ―ヴィエンチャン間　毎日2便
ホーチミン―ヴィエンチャン間　毎日1便（プノンペン経由）

※2016年8月現在

HOTEL INDOCHINA
Architecture

インドシナのホテルの成り立ち

京都工芸繊維大学准教授
大田省一　*Shoichi Ota*

19世紀から20世紀にかけては、欧米列強が植民地獲得にしのぎを削った時代であった。
その中で、フランスはインドシナ半島を押さえ、植民地支配を行う。彼らは、激しい搾取の一方で、
インフラ整備を行って都市を壮麗な建築で飾り、自らの思い描く世界を造りあげていく。
都市のホテル、さらにリゾート地は、彼らが再現しようとした小さなフランス的世界であった。

コロニアルホテルとの出逢い

　ベトナム、ラオス、カンボジア、これらインドシナ半島の国々は、いまや日本からも多くの観光客が訪れる人気の地である。都市の喧騒、失われた古代文明の遺跡、豊かな自然景観、いずれも他の東南アジアの国々でも見られる光景だが、ここが他と違うのは、ひと粒の真珠のような建築があることだ。豊かなデザインや精巧なディティール装飾に溢れたフレンチコロニアルホテルは、熱帯アジアの点景として、鮮やかな色彩を景色に添えている。いにしえのコロン（植民者）たちが遺していったこれらホテル群は、冒険者たちとアジアの大地の出逢いを伝えるタイムカプセルとして、われわれを迎えてくれる。

インドシナのホテル建築

　インドシナで植民地建設が進展した19世紀末から20世紀初めにかけては、フランス本国で次々とデザイン・ムーブメントが興った時期でもある。ポリクロミー（多彩色）、アールヌーヴォー、アールデコ、モダニズムなど、フランス植民地ならではの多彩なデザインの建築が建つ。ディテールには探検趣味を反映して現地のモチーフも取り入れられており、その組み合わせの妙を見ることもできる。
　この流れは一人の建築家により大きな展開をみせる。1921年、仏領インドシナ連邦の首都ハノイの都市計画のため来訪したエルネスト・エブラールが、植民地政庁の建築のデザインも手掛けることになる。そしてフランスとベトナムが融合した新建築を設計し、自ら「インドシナ様式」と名付けた。東洋的モチーフに満ちた建築は、炭鉱やプランテーションの開発による経済成長で自信を深め、独自の表徴を欲していた植民地側にも歓迎された。ホテルではプノンペンの「ホテル ロワイアル」（現「ラッフルズ ホテル ル ロワイアル」P68参照）が彼の設計になる。
　建築の世界では、地域主義の片や汎世界主義を標榜したモダニズムが席巻していくが、フランスでは歴史主義、アールデコがこの流れに迎合して命脈を保つ。これらの、いわば「後期アールデコ」の建築は、一見、装飾を排した直線デザイン（これらはモダニズム建築の教義である）を装ってはいるが、オーダー（列柱）への偏愛など古典的な構成が残り、キャピタル（柱頭）やレリーフなど装飾への意志も前面に出している。フエに建てられた理事長官官邸（現「ラレジデンス フエ ホテル」P22参照）などがその例である。
　第二次世界大戦が始まりフランス本国でナチスの影響下ヴィシー政権が成立。インドシナでは日本軍の進駐が行われる。困難な情勢の中で植民地の舵取りをしたジャン・ドクー総督は、植民地近代化のための「フランスの努力」を表すため、歴史主義建築の装飾を削り落としてモダニズムの仮面をかぶらせた。

ダラットの「ランビアン パレス ホテル」（現「ダラット パレス ヘリテージ ホテル」、P38参照）もこの時大きく趣を異にした外観となっている。

帝国主義が渦巻く激動の時代、建築もまた時代の波に巻き込まれていった。インドシナのクラシックホテルには、一つひとつの時代の記憶が刻まれているのである。

「グランド ホテル メトロポール パレス」開業時の街路風景

「ランビアン パレス ホテル」（現「ダラット パレス ヘリテージ ホテル」）のポスター

グランドホテル —— 社交場の登場

インドシナでは、主要都市は直轄植民地として本国の直接的なコントロールの下に置かれていた。ホテルの歴史も都市部から始まる。

植民地統治が確立した後、インドシナにもそれまでの軍人一辺倒から役人、商人など民間人が訪れるようになる。彼らは、大陸間航路の旅客船に乗ってヨーロッパとアジアを往来していたが、寄港地には王侯貴族や実業家を含んだこれら来訪者の用に足る施設が求められた。その先鞭を切って、1880年サイゴン（現ホーチミン市）に「ホテル コンチネンタル」（P54参照）が開業。劇場、大聖堂、市庁舎などが立ち並ぶ一角は、まさに東洋のパリを思わせる都市景観となった。ハノイでは、文民統治の立役者でもあるギュスターヴ・デュモティエらがホテル建設を画策し、「グランド ホテル メトロポール パレス」（現「ソフィテル レジェンド メトロポール ハノイ」P10参照）を開業、現地フランス人の社交場として名士たちが集った。

これら「グランド ホテル」と呼ばれる都市型高級ホテルは、フランスの威光を示すため必要以上に豪華に造られる傾向があり、ネオルネサンススタイルなど歴史主義建築を纏って市内に君臨。レストラン、カフェ、ボールルームを備え、まさにフランス文化のショーケースとして人々を魅了していった。建築デザインもマンサード屋根やレリーフに溢れた壁面、ステンドグラス、アイアンワークなど装飾豊かな表情で、雑踏の中でも際立った存在感を見せる。

グランドホテルは、やがてツーラン（現ダナン）、フエなど他の都市にも広がる。フエでは傀儡王権のグエン朝が形ばかりの命脈を保っていたが、「モラン ホテル」（現「ホテル サイゴン モーリン」P26参照）はその社交場としての役割を果たした。

「メトロポール」「コンチネンタル」の成功に倣い、ハノイでは「ル スプランディッド」、サイゴンでは「ラ ロトンダ」など追従者が現れる。サイゴンのカティナ通り（現ドンコイ通り）入り口には華人の大地主がオーナーとなって「マジェスティック」（現「ホテル マジェス

ティック サイゴン」P60参照)が開業した。フエのグエン朝やカンボジア、ラオスの王家もフランス式邸宅を建てた (これらは現在、瀟洒なホテルに改装されている)。もはやフランス人のみならずベトナム人・華僑を巻き込んで、都市文明の華やかな舞台としてのフランス建築は広がりをみせたのである。

サナトリウムからサマーキャピタルへ

近代的な都市建設を行ったフランス人たちも、熱帯アジアの酷暑には苦しめられた。まずは、傷病兵を休ませるためにサナトリウム(保養地)が山間の冷涼な地に設置された。ランビアン山地のダラット、中国との国境に程近い「トンキン・ピレネー」のサパなどがそれである。ダラットの発見者は、パスツール研究所のアレクサンドル・イェルサン。1893年、熱帯病の研究のため山間部を探索中、ヨーロッパを思わせる穏やかな景色のこの地と出逢い、その気候が病気療養に適することをポール・ドゥメール総督に進言した。

しかし、僻地に位置する保養地へ赴くのは容易ではない。当初は、輿のようなセダンチェアーに乗り、現地人労働者に背負わせて山を登っていくしかなかった。状況を変えたのは、ドゥメール総督の植民地開発政策である。ハノイからサイゴンまでのインドシナ縦貫鉄道とともに、その支線としてダラットへの鉄道を敷設。サパやその他の山間地へも、主要道路としての「ルート・コロニアル(植民地公路：国道に相当)」や地方連絡道路を敷き、アクセスの問題は解決されていった。

道路ネットワークはインドシナの隅々にまで支配の手を行き渡らせるためのものであったが、結果としてリゾートへのアクセスも確保されることになった。こうして、高原のサナトリウムでの快適な生活は在留フランス人の間に知られるようになり、政府高官、軍将校、実業家たちが別荘を構えるようになる。

平地の酷暑に辟易していたフランス人たちは、高原での日常を望むようになる。それは、ひとりインドシナのことだけではなかった。インドでは、夏期に政庁ごと避暑地シムラへと引っ越す「サマーキャピタル」が制度化され、フィリピンでは、シカゴ派を代表するダニエル・バーナムが首都マニラとともに「夏期首都」バギオの都市計画を立案していた。

この流れはインドシナにも到達し、連邦首都ハノイの都市計画に合わせて、ダラットがサマーキャピタルとして大規模に開発されることになった。少数民族の村しかなかった地は、サナトリウムの時代を経て、人造湖やヨーロッパ的な植栽を備えたフランス人の理想郷として整備されていくのである。

ツーリズムの勃興 ——
観光地のホテル

フランス人をアジアへと駆り立てたのは、まだ見ぬ地への好奇心であった。アンリ・ムオの探検記やピエール・ロティの物語、後にはアンドレ・マルローらの著作を通して、失われた文明へのロマンが喧伝され、異国の風景が人々のエキゾチシズムをかき立てた。植民地はツーリズムの舞台ともなったのである。

インドシナではアンコール遺跡やハロン湾が主な目的地だった。山間や海辺の観光地に「バンガロー」と呼ばれた小型宿泊施設が設けられ、訪問者の利便が図られた。特にア

旧「ホテル コンチネンタル」とオペラ座

20世紀初頭の「モラン ホテル」

ンコールは多くのツーリストを集め、本格的なホテルである「グランド ホテル アンコール」（現「ラッフルズ グランド ホテル アンコール」P88参照）も営業を始めた。昼はハンティングやハイキング、夜はジビエや異国の美酒を提供するリゾートホテルは、探検趣味を大いに満足させたが、『タンタンの冒険』に描かれるような原住民との邂逅や遺跡の発見など、危険と隣り合わせの本当の探検の時代はすでに終わりを告げていた。植民地支配で安全が確保された中で、彼らはいわば擬似探検趣味を楽しんだのである。

皇帝と大衆──
リゾートの新たな時代

　1930年代、限られた人たちのためだけに存在したリゾートの様相が大きく変わる。背景には、フランス本国での社会党政権の成立による新政策がある。労働者主権を打ち出した政府は、長期休暇の取得を振興するようになる。バカンスの時代の到来である。これを受けて植民地でも休閑地の整備が大々的に進められる。

　インドシナのリゾートは、高地保養地と海岸保養地の2種が、各都市からのアクセスの便のよい地に開設されていく。都市部のホテルもこのネットワークの充実に寄与し、「メトロポール」の支店がランソン、ドーソン、タムダオに、「モラン ホテル」の支店がバックマー、バーナーに、それぞれ開設され、避暑地の社交の場として賑わいをみせた。

　リゾートにはさまざまな人が集うようにな

り、ひと夏の出会いを楽しむ場となる。それは、平地の枠組みを超えた別世界の出来事であった。グエン朝最後の皇帝バオ・ダイは、おそらく避暑地の出来事に最も翻弄された人物の一人であろう。パリでの留学生活を経験した彼はフランス流生活に耽溺し、フエの宮廷よりもモダンな建築デザインのダラット別邸での生活を好んだ。狩猟を趣味とした彼のために、ダラットのみならず、さまざまな地に別邸が営まれた。いわばリゾートを回ることで「皇帝南巡」を実現したのである。

　ダラットは、インドシナ総督、グエン朝皇帝、資本家層らが出会う場ともなった。それぞれ平地ではハノイ、フエ、サイゴンに分かれている彼らが、夏にはダラットで一堂に会したのである。そのピークの瞬間は、「ランビアン パレス ホテル」で挙行されたバオ・ダイの婚礼であろう。皇后に迎えられたナム・フォンはサイゴンの資本家令嬢であった。それは、平地のしがらみを越えた、雲間のリゾートだからこそ訪れたモーメントだといえよう。

現代史のタイムカプセルへの誘い

　植民地支配が終わっても、グランドホテル・リゾートホテルには受難の時代が続く。ベトナム戦争の間、眺望の地は戦略上の要衝ともなり、激しい戦闘の場となった。中越国境近くのランソンは両軍の戦車のローラーの下敷きとなり、南北ベトナムの境界に程近いバックマーでは銃弾が撃ち込まれて「モラン ホテル」が廃墟と化した。戦争が終わっても、軍・政府専用として接収されるホテルが相次いだ。開放経済の時代になって、ようやく民間人に門戸を開放したホテルもある。

　インドシナ各地のホテルには、さまざまなモーメントが写し込まれている。豊かな建築デザインの背後に物語が感じられるからこそ、これらのホテルは今なお多くの訪問者を魅了し続けているのだろう。そうして、今やそのタイムカプセルの扉は、すべての人々に向けて開かれているのである。

HOTEL INDOCHINA
Travel Essay

メコン紀行　仏領インドシナの旅

リゾート写真家
増島 実　*Minoru Mike Masujima*

チベット高原に源流を発する大河メコン、その全長は4000kmといわれる。
フランス統治時代、インドシナ総督府はラオス国境の要害、コーンの滝を迂回する鉄道の敷設を計画。
サイゴン（現ホーチミン市）－ルアンパバーン間およそ1700kmのメコンルートを完成させた。
今も残るフランス時代の遺構や街並みを探しに、サイゴンを起点にメコン流域都市を〝撮り歩る記〟。

Ho Chi Minh ~ Can Tho

サイゴンで究極のフレンチコロニアル建築を堪能し、メコンデルタのカントーへ

　成田発の深夜便に乗るとベトナムのサイゴン（現ホーチミン市）は早朝着となり、「ホテル マジェスティック」はまだチェックインできる時間ではなかった。しかたなくドンコイ通りをぶらつき、ドームが美しい「グランド ホテル」を横目に、「コンチネンタル」のカフェで気付けにベトナムコーヒーを飲む。

パリのオペラ座より派手な装飾は1900年、フランス植民地時代の建築で、今も健在。

1930年代のドンコイの「グランド ホテル」大きなドームや旧館は現存（P58参照）。

　広場のオペラ座（現市民劇場）を眺めるには絶好の場所だ。最近の建築と思っていたら1900年の完成。今世紀に入り改装されたそうで、昔の姿が甦ったと話す人もいる。

　翌朝、カントーへバスで3時間。昔はサイゴン川のジェッティーからスピードボートがあり、カントーまで2時間半と便利だった。それは、カントーまで川や水路を辿れば簡単に達する証しでもあった。つまりベトナムのサイゴン以南は平坦な湿地帯だったのだ。

　カントーではコロニアル調の「ナンボー ブティック ホテル」へ投宿。このホテルは屋上に美味しいフレンチレストランがあり、メコン大橋や川を行き交う小舟が眼下に見える。

カイラン水上市場は昔と比べ舟の数が減っていたが、櫓漕ぎの小舟は健在だった

午後から、フランス統治時代の建物を求めカントーの街を徘徊したが、郊外の「ユアン家」の館を除けば大した収穫はなかった。

次の日の早朝、小舟を雇いカイラン地区へ出かける。水上市場は果物などを積んだ舟で賑わっていたが、メコン川沿いに絵になるフランスの痕跡は見つからない。

船頭が小さなクリークまで舟を入れてくれたが、めぼしきものは床屋とそば屋くらい。腹も減っていたのでそば屋でフォーを食べ、若い女に伸びた髪の毛を切ってもらい200円ほど払う。

サデック街中に現存するフランス人作家マルグリット・デュラスの愛人宅

200円の散髪代は高いのか安いのか。名も知れぬカントー水路沿いの床屋で

小説『愛人／ラマン』の舞台を探しにカントーからサデックへ

カントーにはフランス植民地時代の名建築はないのか。ホテルのマネージャーに聞くとサデックの川沿いに古い街並みがあると言う。翌日車で1時間のサデックへ。映画化もされた小説『愛人／ラマン』の舞台として知られる街には、ガタガタになってはいるものの確かにベトナムとフランス建築の折衷スタイルの家々が川沿いに残っていた。

ベトナム人運転手がわざわざ家の中を見せてくれるよう交渉してくれ、住人は私を招き入れた。古いタイル張りの床、アーチ型の間仕切り、ゴシック風の柱などにフランスの香りが漂っている。この近くには『愛人／ラマン』を書いたマルグリット・デュラスの愛人の家も公開されており、これも同じような建物で1920年完成だという（P45参照）。

その後、古い教会を撮り、橋を撮り、昔の商館を見ているうちに日は傾き、フレンチコロニアル建築の市場の本館を赤く染め上げていった。何とドラマティックな光景だろうか（P44参照）。

このままメコン川を行けば、プノンペンへはここから6時間の船旅になる。

古民家の凝った装飾。ベトナムとフランスの折衷スタイルの建物が多く残る

~ *Phnom Penh*

100年前の黄色い建物が目に痛い
プノンペンのポストオフィススクエア

飛行機ならサイゴンからたったの40分だが、カントーから船を乗り継ぎ7時間余りでカンボジアの首都プノンペンへ到着する。

街はメコン川に合流するトンレサップ川に面し、19世紀末のフランス統治時代に総督ユイン・ドゥ・ヴェルネヴィルが景観デザインを描いたおかげで、他のアジアの大都市と比

中央郵便局があるポストオフィス界隈には黄色いコロニアル建築が多く残されている

王宮は1919年フランス人建築家により改装されたので、どことなくお洒落だ

べ、道幅や緑地帯に余裕があり、建物が美しく見える。

セントラルマーケットや王宮などを除けば、ハノイやサイゴンに見られるフランス統治時代の大建築は少ない。だが、ワットプノン周辺のフレンチクオーター地区は、フレンチコロニアルの極地。ポストオフィススクエアは100年前の黄色い建物が目に痛く、コロニアル建築に興味がない人も、思わず携帯を取り出しカチャリとやってしまうことだろう。

ある朝、ホテル近くのカフェへ朝食に行くと、客はほとんど地元の金持ち。カフェオレだけ飲んでいく人、トーストやシュガーロールの人、卵料理を頼んだのはなぜか私一人。コーヒー、ジュースなどしめて7USドル。カンボジアでこの値段では、地元の金持ちもアメリカンブレックファーストは敬遠かも。そ

れともフランスの影響で朝はコーヒーだけなのか。隣のテーブルの上品なおじいさんはコーヒーの後、『ル・モンド』を読んでいた。もちろんカンボジア人だ。

ノロドム通り近くのカフェで『ル・モンド』を読むカンボジアの紳士

プノンペンはトンレサップ川河口に発展した街だ。彼方にメコン川が見える

~ *Champasak/Paxse*

フランスの威信をかけて
メコンの滝に鉄道橋を架設。
ルアンパバーンへの
物資輸送を倍増させる

19世紀末、メコン川に建設された鉄道橋

　プノンペンからラオスの国境まではメコン沿いをバスの旅となった。程よい舗装路をバスはひたすら走った。途中クラチェのピンクイルカなど見る余裕はなく、私の好きなフランス時代の建物はバスの窓越しに流れ去った。

　ラオスに入り、コーンの滝を見る（P138参照）。幅2kmのメコン川に大小無数の滝。この滝が妨げとなり船舶が遡上できず、滝の下流のドンコーンから上流のドンデットまで物資運搬の鉄道を通し、2つの中州を跨ぐ橋まで架設した。1893年当時としては大変な工事だったろう。その名残の機関車やコンクリートの橋は現存し観光の目玉となっている。

その一つの黄色い建物にはチャンパサック王の末裔が住むという。そして街の南西8kmに世界遺産ワットプーの遺跡がある（P142参照）。アンコールワットより古いクメールの遺跡だ。なだらかな緑の丘陵に、古代の石柱や神殿が展開し、すこぶるフォトジェニック。

　さらにメコンを行くとチャンパサックから船で3時間、ラオス南部の大都市パクセに着く。ここではラオス最大の市場（タラートダオファン）の川魚を見たい。大ナマズやハクレン（白い鯉）などが並んだ一郭は、充分にメコンの豊壌を実感できる。

パクセにあるラオス最大の市場の魚

昔は、切断した船を人力で滝の上へ運んだ

　さてラオス領コーン島からメコン川を船で2時間、かつての王都チャンパサックの街がある。5分もあれば通り過ぎる小さな街だが、フランス統治時代の建物も数軒残っていた。

フレンチヴィラの前を行く托鉢僧の一団

～ Viang Chan/Luang Prabang

惜しまれるヴィエンチャン王国の戦禍。王国健在なら、ラオスの魅力は計り知れず

ヴィエンチャンは今でこそ人口約80万、メコン川左岸に発達したラオスの首都である。明治の探検家、岩本千綱の『シャム・ラオス・安南 三国探検実記』によると、1897年（明治30年）〈一千余の人家岸に沿うて東西に軒立し、フランス語学校ありて無月謝の教授をなす。(中略) 人口は約一万。(中略) 別段市街の体裁なさずと雖も仏国政庁あり〉。ヴィエンチャンがフランスの保護国（植民地）になった頃は、行政府以外、さほどフランス風な

ルアンパバーン郊外のメコンの夕暮れ。対岸への渡し舟が賑わう時間帯だ

ラオコロニアルのショップハウスやフランスが建てた公共の建物（フレンチコロニアル）が街に彩りを添えている。特に王族の旧居はそのままの状態で残り、お洒落なブティックホテルとなり、ラオス人の謙虚で慎ましいもてなしは旅人の心に深く刻まれる。

一方、ヴィエンチャン王国はシャム（現タイ）との戦禍（1827年）で、王国の最盛期に造られた宮殿や建物、寺院が破壊され焼かれ灰塵に帰した。タイのアユタヤと違い木造建築が主だった王国では、多くのものが失われてしまった。それは悔やんでも悔やみきれない。

ラオスのシンボル、タートルアン（仏塔）

建物はなかったのである。ところが同書のルアンパバーンの記載は〈戸数四千、人口約三万、フランス総督府を始めとし郵便電信局、学校、兵営等あり。(中略) ラオス旧王の宮殿あり、寺院の如きはその数無慮五十の上〉とある。メコン川のさらに上流のルアンパバーンのほうがフランスの植民地化が進んでいたことがわかる。1995年、ルアンパバーンは旧市街が世界文化遺産の指定を受け、

タイ北部のワットプーミンの壁画。メコンを行く外輪船と西洋人が描かれた珍しい絵

HOTEL INDOCHINA
Hotel Data

ホテルデータ

この本でご紹介したホテルのデータを掲載しました。お問い合わせ、ネット検索等にご利用ください。
（データは2016年8月現在。宿泊料金は一部を除いて税・サービス料抜きの一室の金額です）

VIETNAM

Sofitel Legend Metropole Hanoi ………P010
ソフィテル レジェンド メトロポール ハノイ

15 Ngo Quyen St, Hoan Kiem Dist, Hanoi, Vietnam　Phone：+84（0）4-3826-6919　Fax：+84（0）4-3826-6920
http://www.sofitel.com/gb/hotel-1555-sofitel-legend-metropole-hanoi/index.shtml
全364室　192USドル～　Restaurant&Bar 6　Pool ○　Spa ○　wifi ○　ベトナム ハノイ、Noi Bai 空港より35km

Apricot Hotel ………P016
アプリコット ホテル

136 Hang Trong, Hoan Kiem Dist, Hanoi, Vietnam
Phone：+84（0）4-3828-9595　Fax：+84（0）4-3828-6565　http://www.apricothotels.com/
全123室　90USドル～　Restaurant&Bar 5　Pool ○　Spa ○　wifi ○　ベトナム ハノイ、Noi Bai 空港より27km

La Residence Hue Hotel & Spa-MGallery by Sofitel ………P022
ラ レジデンス フエ ホテル アンド スパ-Mギャラリー by ソフィテル

5 Le Loi St, Hue City, Vietnam
Phone：+84（0）54-383-7475　Fax：+84（0）54-383-7476　http://www.accorhotels.co.jp
全122室　107USドル～　Restaurant&Bar 3　Pool ○　Spa ○　wifi ○　ベトナム フエ、Phu Bai 空港より16km

Hotel Saigon Morin ………P026
ホテル サイゴン モーリン

30 Le Loi St, Hue City, Vietnam
Phone：+84（0）54-382-3526　Fax：+84（0）54-382-5155　http://www.morinhotel.com.vn/
全180室　79USドル～　Restaurant&Bar 6　Pool ○　Spa ○　wifi ○　ベトナム フエ、Phu Bai 空港より15km

InterContinental Danang Sun Peninsula Resort ………P030
インターコンチネンタル ダナン サン ペニンシュラ リゾート

Bai Bac, SonTra Peninsula, Danang City, Vietnam
Phone：+84（0）511-393-8888　Fax：+84（0）511-393-8887
http://www.ihg.com/intercontinental/hotels/jp/ja/danang-city/dadha/hoteldetail
全200室　324USドル～　Restaurant&Bar 5　Pool ○　Spa ○　wifi ○　ベトナム ダナン、Da Nang 空港より21km

Anantara Hoi An Resort ………P034
アナンタラ ホイアン リゾート

1 Pham Hong Thai St, Hoi An City, Quang Nam Province, Vietnam
Phone：+84（0）510-391-4555　Fax：+84（0）510-391-4515　http://hoi-an.anantara.jp/rooms.aspx
全93室　196USドル～　Restaurant&Bar 4　Pool ○　Spa ○　wifi ○　ベトナム ホイアン、Da Nang 空港より29km

Dalat Palace Heritage Hotel ………P038
ダラット パレス ヘリテージ ホテル

12 Tran Phu St, Da Lat, Lam Dong Province, Vietnam
Phone：+84（0）63-382-5444　http://www.dalatpalacehotel.com
全43室　123USドル～　Restaurant&Bar 6　Pool ○　Spa ○　wifi ○　ベトナム ダラット、Lien Khuong 空港より32km

Nam Bo Boutique Hotel………P046
ナンボー ブティック ホテル

1 Ngo Quyen St, Tan An Ward, Ninh Kieu Quay, Can Tho City, Vietnam
Phone:+84(0)710-381-9139　Fax:なし　http://www.nambocantho.com
全7室　120USドル〜　Restaurant&Bar 2　Pool −　Spa −　wifi ○　ベトナム カントー、Can Tho 空港より11km

Victoria Can Tho Resort………P048
ヴィクトリア カントー リゾート

Cai Khe Ward, Can Tho City, Vietnam
Phone:+84(0)710-381-0111　Fax:+84(0)710-382-9259　　https://www.victoriahotels.asia/en/overview-cantho
全92室　114USドル〜　Restaurant&Bar 2　Pool ○　Spa −　wifi ○　ベトナム カントー、Can Tho 空港より12km

Hotel Continental Saigon………P054
ホテル コンチネンタル サイゴン

132-134 Dong Khoi St, Dist 1, Ho Chi Minh City, Viet nam
Phone:+84(0)8-3829-9201　Fax:+84(0)8-3829-0936　　http://www.continentalsaigon.com/
全83室　91USドル〜　Restaurant&Bar 5　Pool −　Spa ○　wifi ○　ベトナム ホーチミン、Tan Son Nhat 空港より8km

Grand Hotel Saigon………P058
グランド ホテル サイゴン

8 Dong Khoi St, Dist 1, Ho Chi Minh City, Vietnam
Phone:+84(0)8-3915-5555　Fax:+84(0)8-3827-3047　　http://www.grandhotel.vn/
全230室　94USドル〜　Restaurant&Bar 5　Pool ○　Spa ○　wifi ○　ベトナム ホーチミン、Tan Son Nhat 空港より8km

Hotel Majestic Saigon………P060
ホテル マジェスティック サイゴン

1 Dong Khoi St, Dist 1, Ho Chi Minh City, Viet nam
Phone:+84(0)8-3829-5517　Fax:+84(0)8-3829-5510　　http://www.majesticsaigon.com/
全175室　130USドル〜　Restaurant&Bar 6　Pool ○　Spa ○　wifi ○　ベトナム ホーチミン、Tan Son Nhat 空港より9km

Villa Song Saigon………P064
ヴィラ ソン サイゴン

197/2 Nguyen Van Huong St, Thao Dien Ward, Dist 2, Ho Chi Minh City, Vietnam
Phone:+84(0)8-3744-6090　Fax:なし　http://villasong.com/
全23室　143USドル〜　Restaurant&Bar 2　Pool ○　Spa ○　wifi ○　ベトナム ホーチミン、Tan Son Nhat 空港より14km

CAMBODIA

Raffles Hotel Le Royal………P068
ラッフルズ ホテル ル ロワイアル

92 Rukhak Vithei Daun Penh, Sangkat Wat Phnom, Phnom Penh, Cambodia
Phone:+855(0)23-981-888　Fax:+855(0)23-981-168　　http://www.raffles.jp/phnom-penh/
全175室　240USドル〜　Restaurant&Bar 5　Pool ○　Spa ○　wifi −　カンボジア プノンペン、Phnom Penh 空港より10km

The Governor's House Boutique Hotel Phnom Penh………P074
ザ ガバナーズ ハウス ブティック ホテル プノンペン

Mao Tse Toung Blvd 3, Bkk1, Cham Karmorn, Phnom Penh, Cambodia
Phone:+855(0)23-987-025　　http://www.governorshouse.net/
全12室　72USドル〜　Restaurant&Bar 3　Pool ○　Spa ○　wifi ○　カンボジア プノンペン、Phnom Penh 空港より12km

FCC Hotel Phnom Penh ·········P078
エフシーシー ホテル プノンペン

363 Sisowath Quay, Phnom Penh, Cambodia
Phone:+855(0)23-992-284　http://fcccambodia.com/ja/fcc-phnom-phen/
全15室　63USドル〜　Restaurant&Bar 2　Pool —　Spa —　wifi ○　カンボジア プノンペン、Phnom Penh 空港より11km

The Pavilion ·········P080
ザ パビリオン

227 St 19, Phnom Penh, Cambodia
Phone:+855(0)23-222-280　https://www.thepavilion.asia/
全36室　60USドル〜　Restaurant&Bar 2　Pool ○　Spa ○　wifi ○　カンボジア プノンペン、Phnom Penh 空港より11km

Mysteres & Mekong Phnom Penh Lodge·········P084
ミステアズ アンド メコン プノンペン ロッジ

70St 244, Phnom Penh, Cambodia
Phone:+855(0)23-210-274　Fax:+855(0)23-212-874　http://www.mysteres-mekong.com/index.php/en/
全18室　68USドル〜　Restaurant&Bar 2（食事は朝食のみ）　Pool ○　Spa（マッサージ）○　wifi ○
カンボジア プノンペン、Phnom Penh 空港より11km

Raffles Grand Hotel d'Angkor·········P088
ラッフルズ グランド ホテル アンコール

1 Vithei Charles de Gaulle, Khum Svay Dang Kum, Siem Reap, Cambodia
Phone:+855(0)63-963-888　Fax:+855(0)63-963-168　http://www.raffles.jp/siem-reap/
全119室　270USドル〜　Restaurant&Bar 6　Pool ○　Spa ○　wifi —　カンボジア シェムリアップ、Siem Reap 空港より8km

Heritage Suites Hotel ·········P092
ヘリテージ スイーツ ホテル

Near Wat Polanka, Slokram Village, Khum Slok Kram, Siem Reap, Cambodia
Phone:+855(0)63-969-100　http://www.heritagesuiteshotel.com/
全26室　126USドル〜　Restaurant&Bar 3　Pool ○　Spa ○　wifi ○　カンボジア シェムリアップ、Siem Reap 空港より9km

La Villa Battambang·········P097
ラ ヴィラ バッタンバン

N 185 Pom Romchek 5 Kom, Rattanak Srok, Battambang, Cambodia
Phone:+855(0)53-730-151　Fax:+855(0)53-730-151　http://www.lavilla-battambang.net/
全7室　60USドル〜　Restaurant&Bar 2　Pool ○　Spa —　wifi ○　カンボジア バッタンバン、シェムリアップから車で約3時間半

LAOS

The Belle Rive Boutique Hotel·········P102
ザ ベルリーヴ ブティック ホテル

99 Baan Phonehueang, Riverfront, Luang Prabang, Laos
Phone:+856(0)71-260-733　Fax:+856(0)71-253-063　http://www.thebellerive.com/ja/
全16室　85USドル〜　Restaurant&Bar 2　Pool —　Spa —　wifi ○　ラオス ルアンパバーン、Luang Prabang 空港より6km

Victoria Xiengthong Palace·········P108
ヴィクトリア シェントン パレス

Kounxoau Rd, Ban Phonehueng, Luang Prabang, Laos
Phone:+856(0)71-213-200　Fax:+856(0)71-213-203
https://victoriahotels.asia/en/hotel-in-laos//overview-xiengthong
全26室　110USドル〜　Restaurant&Bar 1　Pool —　Spa ○　wifi ○　ラオス ルアンパバーン、Luang Prabang 空港より7km

Satri House Secret Retreats……P110
サトリ ハウス シークレット リトリーツ

057 Photisarath Rd, Ban That luang, Luang Prabang, Laos
Phone:+856(0)71-253-491　Fax:+856(0)71-253-418　　http://www.satrihouse.com/index.php/english/home/
全31室　165USドル〜　Restaurant&Bar 2　Pool○　Spa○　wifi○　ラオス ルアンパバーン、Luang Prabang空港より6km

Villa Maly Luang Prabang Boutique Hotel……P114
ヴィラ マリー ルアンパバーン ブティック ホテル

75 Oupalath Khamboua Rd, Ban That Luang Village, Luang Prabang, Laos
Phone:+856(0)71-253-903/04　Fax:+856(0)71-254-912　　http://villa-maly.com/
全33室　95USドル〜　Restaurant&Bar 3　Pool○　Spa○　wifi○　ラオス ルアンパバーン、Luang Prabang空港より6km

Amantaka……P118
アマンタカ

55-3 Kingkitsarath Rd, Ban Thongchaleun, Luang Prabang, Laos
Phone:+856(0)71-860-333　Fax:+856(0)71-860-335　　https://www.amantaka.com
全24室　610USドル〜　Restaurant&Bar 1　Pool○　Spa○　wifi○　ラオス ルアンパバーン、Luang Prabang空港より5km

Villa Santi Hotel……P122
ヴィラ サンティ ホテル

90 Unit 01 Sakarine Rd, Ban Wat Sen, Luang Prabang, Laos
Phone:+856(0)71-212-267/252-157　Fax:+856(0)71-253-381　　http://villasantihotel.com/villa-santi-hotel/
全20室　99USドル〜　Restaurant&Bar 2　Pool○　Spa−　wifi○　ラオス ルアンパバーン、Luang Prabang空港より10km

Sofitel Luang Prabang……P124
ソフィテル ルアンパバーン

Ban Mano, 0600 Luang Prabang, Laos
Phone:+856(0)71-260-777　Fax:+856(0)71-260-776　　http://www.accorhotels.co.jp
全25室　171USドル〜　Restaurant&Bar 1　Pool○　Spa○　wifi○　ラオス ルアンパバーン、Luang Prabang空港より5km

The Grand Luang Prabang Hotel & Resort……P128
ザ グランド ルアンパバーン ホテル アンド リゾート

Ban Xiengkeo, Khet Sangkalok P.O. Box 1191, Luang Prabang, Laos
Phone:+856(0)71-253-851　Fax:+856(0)71-253-027　　http://www.grandluangprabang.com/
全78室　90USドル〜　Restaurant&Bar 2　Pool○　Spa○　wifi○　ラオス ルアンパバーン、Luang Prabang空港より6km

3 Nagas Luang Prabang-MGallery by Sofitel……P132
スリー ナーガス ルアンパバーン-Mギャラリー by ソフィテル

Vat Nong Village, 0600 Luang Prabang, Laos
Phone:+856(0)71-260-777　Fax:+856(0)71-260-776　　http://www.accorhotels.co.jp
全15室　84USドル〜　Restaurant&Bar 2　Pool−　Spa−　wifi○　ラオス ルアンパバーン、Luang Prabang空港より6km

Settha Palace Hotel……P136
セタ パレス ホテル

6 Pang Kham St, Vientiane, Laos
Phone:+856(0)21-217-581　Fax:+856(0)21-217-583　　http://www.setthapalace.com/jp/
全29室　157USドル〜　Restaurant&Bar 2　Pool○　Spa○　wifi○　ラオス ヴィエンチャン、Wattay空港より9km

Residence Sisouk……P140
レジデンス シソウク

Ban Lakmuang, Pakse, Champasak, Laos
Phone:+856(0)31-214-716　Fax:+856(0)31-214-716　　http://www.residence-sisouk.com/
全13室　40USドル〜　Restaurant&Bar 2　Pool−　Spa○　wifi○　ラオス パクセ、Paxse空港より3km

この本で掲載した、素晴らしいホテルに、今すぐ行けます！
ベトナム航空で行くコロニアルホテルに泊まる旅

『HOTEL INDOCHINA』に紹介してある、ほとんどのホテルに
リーズナブルな料金で泊まれます。あなたのためのパッケージをお作りします。

一例　　　　　　　　　　　　　　　　　　　　　　　※表示価格は2016年8月現在のものです。

【ダナン／インターコンチネンタル】＋【フュージョンマイア】
成田発／インターコン2泊＋フュージョンマイア2泊6日間／2名様1室利用お一人様あたり／170,800円〜

【ハノイ／アプリコット】＋【インターコンチネンタル】
成田発／アプリコット2泊＋インターコン2泊6日間／2名様1室利用お一人様あたり／72,800円〜

【プノンペン／ラッフルズ ル ロワイアル】＋【ソフィテル プノンペン ブーキートラー ホテル】
成田発／ラッフルズ2泊＋ソフィテル2泊6日間／2名様1室利用お一人様あたり／120,800円〜

【ルアンパバーン／アマンタカ】＋【ブラサリヘリテージ】
成田発／アマンタカ2泊＋ブラサリヘリテージ2泊6日間／2名様1室利用お一人様あたり／174,800円〜

※2軒目のホテルも、この本の中からお選びいただくことも可能です。

エス・ティー・ワールドは、設立当初から、お客様に心から旅の喜びを感じていただこうと、部屋数の限られたラグジュアリーなホテルや、まだどこも扱っていない地域をパッケージにして、他にはない旅を送り出してきました。個人旅行に特化して、お客様のこだわりに応え、お客様の望む旅をゼロから創り上げることができます。エス・ティー・ワールド「Travel ＋ Emotion！（旅に感動を！）」を目指し、お客様一人ひとりのオリジナルの旅を提案させていただきます。

株式会社　エス・ティー・ワールド ST WORLD, Inc.
観光庁長官登録旅行業 第1022号・日本旅行業協会（JATA）正会員・IATA公認代理店
住所：〒150-0043 東京都渋谷区道玄坂 2-6-17 渋東シネタワー14階
定休日：第1・第3木曜日及び年末年始（12/30-1/3）
電話番号：TEL:03-6415-8610　FAX:03-6415-8620
URL　http://www.stworld.co.jp/

ベトナム、カンボジア、ラオス、ミャンマー等の旅行手配いたします！
個人旅行のリクエストにお答えします

各種航空券やご希望のホテル、現地でのお車やガイドおよび通訳の手配。
また、現地ツアー等、観光の手配も含めた個人旅行をクリエイトいたします。

旅行企画・実施：エーペックスインターナショナル株式会社
観光庁長官登録旅行業 第1392号・日本旅行業協会（JATA）正会員・IATA公認代理店
住所：〒160-0022 東京都新宿区新宿 2-15-22 S2ビル6階
営業時間：10:00 〜 18:00　定休日：土日祝日・年末年始
電話番号：TEL03-5363-4480　FAX03-5363-4574
URL：http://www.lavieplus.jp/

協力／ベトナム航空
　　　株式会社エス・ティー・ワールド
　　　エーペックス インターナショナル株式会社

デザイン／藤村雅史（藤村デザイン事務所）
監修／大田省一（京都工芸繊維大学准教授）
文／鈴木幸子（らきカンパニー）
英訳／遠藤伸司　朝生凛
地図製作／宮内理恵
編集／吉村遙

参考文献
『建築のハノイ　ベトナムに誕生したパリ』
　大田省一 文／増田彰久 写真（白揚社）
『メコンデルタ　フランス植民地時代の記憶』高田洋子（新宿書房）
『ベトナム町並み観光ガイド』友田博通 編（岩波アクティブ新書）
『シャム・ラオス・安南　三国探検実記』岩本千綱（中公文庫）
『増補新訂　東南アジアを知る事典』石井米雄 編（平凡社）
「SEVEN SEAS（セブンシーズ）」 №142、№151（アルク）
"Luang Phabang：An Architectural Journey"
　(Ateliers de la Peninsule)
"Vietnam Style"
　Texts / Bertrand de Hartingh & Anna Craven-Smith-Milnes
　Photos / Luca Invernizzi Tettoni　(Periplus Editions)
"The Last Century of Lao Royalty：A Documentary History"
　Grant Evans　(Silkworm Books)
"A Walk through the Heritage of Luang Prabang"
　(Anantha Publishing)

ベトナム、ラオス、カンボジアのコロニアルホテル
HOTEL INDOCHINA
ホテル　　インドシナ

2016年9月30日　第1刷発行

著者　　増島 実（ますじま みのる）

発行者　　茨木政彦
発行所　　株式会社　集英社
〒101-8050
東京都千代田区一ツ橋 2-5-10
電話　編集部　03-3230-6141
　　　読者係　03-3230-6080
　　　販売部　03-3230-6393（書店専用）

印刷所　日本写真印刷コミュニケーションズ株式会社
製本所　共同製本株式会社

定価はカバーに表示してあります。
本書の一部あるいは全部を無断で複写・複製することは、法律で認められた場合を除き、著作権の侵害となります。
また、業者など、読者本人以外による本書のデジタル化は、いかなる場合でも一切認められませんのでご注意下さい。
造本には充分注意しておりますが、乱丁・落丁（本のページ順序の間違いや抜け落ち）の場合はお取り替え致します。
購入された書店名を明記して小社読者係宛にお送り下さい。送料は小社負担でお取り替え致します。
但し、古書店で購入されたものについてはお取り替え出来ません。

©MINORU MASUJIMA 2016. Printed in Japan
ISBN978-4-08-781616-7 C0026